当代中国博物馆

段勇 著

江苏凤凰文艺出版社
JIANGSU PHOENIX LITERATURE AND ART PUBLISHING

当代中国博物馆

Museums in Contemporary China

◎ 目录

前　言　博物馆，艺术与科学的神殿..............001

第一章　历史余晖：
　　　　近当代中国博物馆的发展之路..........001

第二章　黄金发展期：
　　　　当之无愧的博物馆大国....................011
　一、当代中国博物馆掠影........................013
　二、民办博物馆的是与非........................046

第三章　藏品之于博物馆：
　　　　珍贵财产、存在基础与研究对象........057
　一、中国文物与藏品概览........................060
　二、文物收藏的宜与忌............................079

第四章　陈列展览：
　　　　观众去博物馆到底看什么？ 091
　　一、陈列展览的功与用 091
　　二、当代中国博物馆的陈列展览 096

第五章　社会教育与公共服务：
　　　　锦上添花，更应该雪中送炭 115
　　一、免费开放的喜与忧 116
　　二、博物馆的社会教育与公共服务 123

第六章　学术研究：
　　　　博物馆事业发展的推动力 141
　　一、博物馆研究中的理论与实务 141
　　二、生态博物馆的名与实 153

第七章　运营治理：
　　　　博物馆运行机制的新探索 167
　　一、博物馆的外部治理与内部运营 167
　　二、理事会制度的进与退 181

结　语　博物馆的终极使命 193

后　记 199

博物馆，艺术与科学的神殿

前言

2011年，在上海举办的第一期"全国博物馆新入职员工培训班"上，笔者有感而发：博物馆与学校、医院、寺观教堂一样，是人类创立的最伟大且成功的社会机构之一。

之所以说它伟大，是因为博物馆能帮助人类更好地了解自己是从哪里来的，是怎么从过去走到现在的，未来又可能向哪里去。

这是哲学、科学和艺术都关注的所谓三大终极问题，从某种意义上可以说，人类在哲学领域的一切思考、科学领域的全部探索及艺术领域的所有追求，即无论是纷繁复杂的哲学思辨、宗教教义，还是从宏观太空探索到微观基因工程的科学实践，或者层出不穷的具象与抽象艺术表达形式，不管其有意与无意，归根到底都是为了破解、回答和反映这三大问题、关切和焦虑。甚至保罗·高更1897年绘制的代表作就直接命名为《我们从哪里来？我们是谁？

保罗·高更：《我们从哪里来？我们是谁？我们往哪里去？》

我们往哪里去？》，并自称"我在死之前把全部精力都倾注在这幅作品中了"。画面上，人、动物、环境，婴儿、成人、老人，休憩、劳作、思考，生活、感情、信仰，大地、海洋、天空，等等因素，共同构成一个原始而神秘的时空，据说反映了画家当年自杀获救后的顿悟。

也正因博物馆具有如此重要的作用，时至今日，全世界200多个国家和地区，几乎都已有博物馆或类似博物馆的机构。作为全球最大的博物馆行业组织，国际博物馆协会的会员目前就来自约140

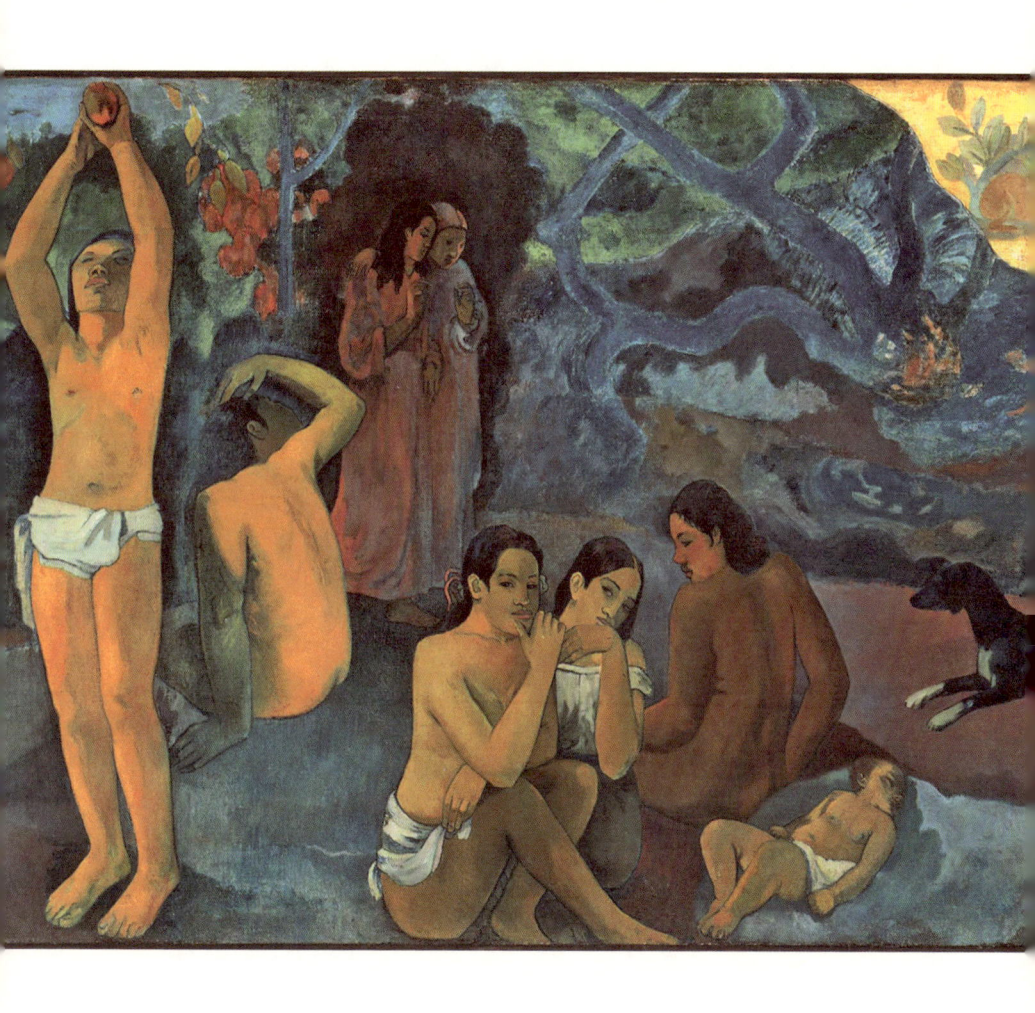

个国家和地区。

  这种成功,还体现在博物馆对世界文化多元性的适应与包容上。事实上,多元性是博物馆的基本特性;多元文化是博物馆存在的起点与归属。

  学界公认,西方主要语言中的"博物馆"一词均来源于希腊语"缪斯神庙"一词。在古希腊神话中,缪斯是众神之王宙斯与记忆女神莫涅摩西涅所生的九位女儿,她们作为艺术与科学的保护神,各有专司。缪斯九女神,是希腊神话中数量仅次于象征自然与生命的十二泰坦神的一组多元神祇，这暗示了博物馆与多元化之间存在着天然的联系。

19世纪中叶，欧美近代博物馆进入中国人的视野之初，曾被称作"公所""行馆""万种园""画阁""古玩库""军器楼""积宝楼""集宝院""集奇馆""积骨楼""禽骨馆""古物馆""陈列所"等等（梁吉生《旧中国博物馆历史述略》，《中国博物馆》1986年第2期），这种混乱正是源于博物馆的多元类型。后来名称逐步统一为相似的"博古馆""博览馆""博物馆""博物院"，而以"博物馆"最为通行。这一译名可谓抓住了博物馆的两个基本特征："博"与"物"。"博"就是多样性和多元化，"物"就是作为博物馆基础的资源内容。汉语"博物"一词，最早见于《左传·昭公元年》："晋侯闻子产之言，曰：'博物君子也。'"与今义近似。

缪斯是艺术与科学的保护神，"缪斯神庙"当即"艺术与科学的圣殿"之意，这体现了博物馆的初衷及追求。近代博物馆诞生以后，1755年山缪尔·约翰逊（Samuel Johnson）在其编著的《英语词典》中将博物馆（museum）定义为：蕴涵丰富学问的奇异物品的贮藏和陈列场所。该定义确立了博物馆的两大基本职能，不过似乎主要指当时收藏和展示西方探险家或传教士从亚非拉带回的富有异国情调的动植物标本或民俗工艺品的自然类博物馆。

博物馆的多元化还体现在，世界上至今对博物馆没有一个公认完美的分类方法。现有的方法大多是以藏品类型作为分类的主要标准，例如：日本博物馆协会将博物馆划分为综合、乡土、美术、历史、自然史、理工、动物园、水族馆、植物园和动·水·植10类。美国博物馆协会主张把博物馆分为综合、科学、艺术、历史、体育、学校、公司、展览区等13大类72小类，除了"物"的标准外，还引入了博物馆的实体特点，但却略显杂乱。还有国外的博物馆学家认为，世界上现有的博物馆可具体划分为 301 种类型，其中混合使用了多种分类标准（如藏品、行业、学科、国别等），即便如此仍不尽如人意。

国际博物馆协会则历时半个多世纪、几经修订形成了现行的内涵包容、外延宽泛的定义："博物馆是为社会及其发展服务、对公众开放的、非营利的永久性公共机构，它为教育、研习和欣赏的目的而收集、保存、研究、传播和展示人类的物质遗产及非物质遗产及其环境。"

世界上现有约 200 个国家或地区，无论历史长短、经济贫富、人口多寡，或民族构成、宗教信仰如何，几乎都拥有博物馆类型的机构，这也从另一个角度证明：博物馆是一种能够适应多元形态、具备普世价值的理念与实践。

博物馆，无所不在。而全球博物馆的根本宗旨和共同使命，就是保护和传承人类社会的多元文化及多彩环境。

第一章
历史余晖：近当代中国博物馆的发展之路

有学者将中国博物馆的源头追溯到公元前478年，即孔子去世次年。鲁国当时的国君鲁哀公虽属亡国之君，却敏锐意识到孔子的重要价值，遂下令利用孔子故居创建了孔子庙堂，陈列孔子坐过的车、穿过的服装、用过的器具等，供当时及后人瞻仰、祭祀，可称中国最早的纪念馆类博物馆（王宏钧《中国博物馆与社区历史文化——兼论世界上最早的博物馆和博物馆起源》，《中国博物馆》1994年第4期）。它与公元前284年埃及托勒密王朝创建的亚历山大博学园中的缪斯神庙（其中存放有亚历山大大帝远征所获、交由其师亚里士多德研究的各种奇珍异宝）分别成为东西方博物馆的雏形，而后者正是西方公认的博物馆的滥觞。不过，据司马迁记载，孔子庙堂包含有祭祀功能，仍未脱离宗庙性质，而这与公共博物馆的性质

青州博古堂旧址

不尽相符。

  对中国而言，近代公共博物馆属于舶来品。1860年第二次鸦片战争后，外国传教士或侨民陆续在我国部分城市建立、举办了一些博物馆性质的机构。最早的是法国人韩伯禄1868年创办的徐家汇博物院，这是中国第一家近代公共博物馆，也是我国首家自然博物馆，后更名震旦博物院，为今日上海自然博物馆的前身之一。当时距西方第一家近代公共博物馆——牛津大学的阿什莫林博物馆的诞生（1683年）已有185年。其他还有英国人创办的亚洲文会博物院（1874年建立，又名上海博物院，是我国最早的综合性博物馆，后藏品分拆给上海自然博物馆、上海博物馆和上海图书馆）、英国人建立的青州博古堂（1887年始建，后迁至济南并更名为济南广智院，为今日山东博物馆前身）、英国人建立的华北博物院（1904年）、日本人建立的大连"地质调查所"（1907年始建，为今日大连自然博物馆前身）、法国人建立的北疆博物院（1914年始建，为今日天津自然博物馆前身）、美国人建立的华西协和大学古物博物馆（1914年始建，为今日四川大学博物馆前身，也是现存时代最早、规模最大的高校博物馆）等。

长期以来，业内外一直将张謇1905年创办的南通博物苑视为中国人建立的第一家博物馆，但是近年来的研究成果表明：早在1876年，清朝政府已经创建了京师同文馆博物馆（陈为《京师同文馆博物馆考略》，《故宫学刊》2014年第3期）。

第二次鸦片战争后，为了更好地与西方列强打交道，清政府成立了总理各国事务衙门，位居六部之上，由恭亲王奕䜣出任总理大

京师同文馆建筑遗存

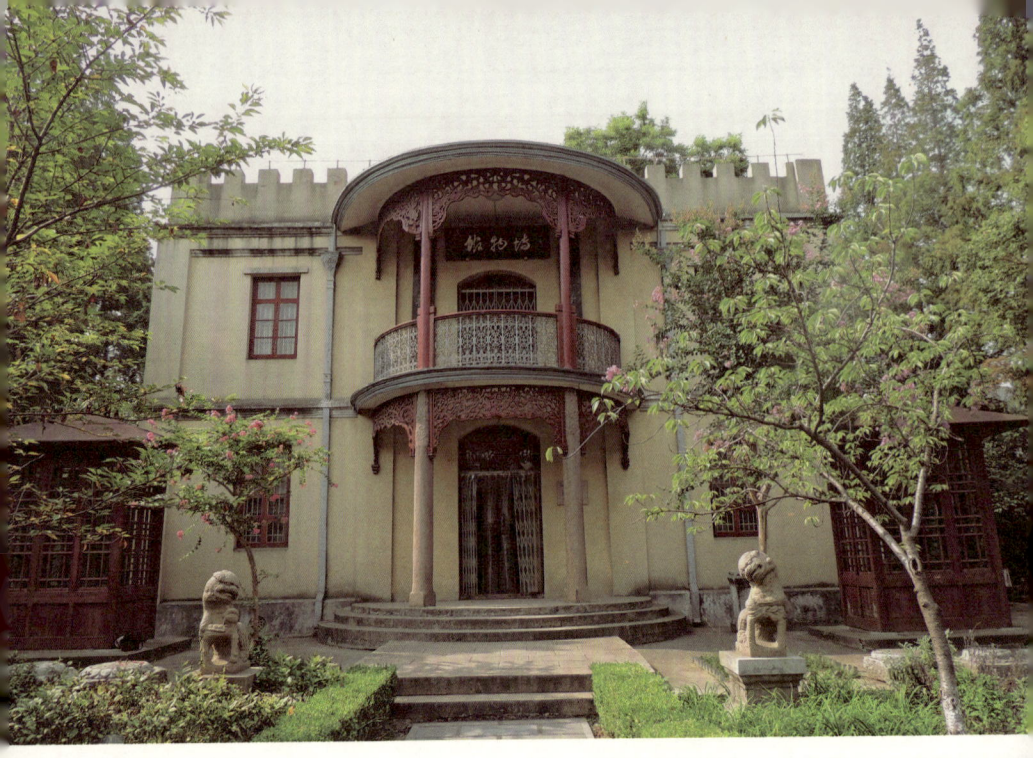

南通博物苑老馆

臣。下设同文馆，最初负责培养外语翻译人才，学制始定为三年，旋增为五年和八年，并以优厚的待遇吸引举人、五品以下"科举正途"人员报考，相继设立英文馆、法文馆、俄文馆、德文馆和东文馆，后来又增设天文馆、算学馆，陆续开设了英文、法文、俄文、德文、汉文算学、洋文天文、洋文算学、格物测算、万国公法、汉文化学和医学等课程，成为我国第一所文理兼备的大学。同文馆附设有印刷所、化学实验室、物理实验室、观星台、藏书阁等。1876年，在美国传教士丁韪良（William Alexander Parsons Martin，1827—1916）担任同文馆总教习期间，同文馆建立了科学博物馆，这可能与他当时兼任亚洲文会博物院院长有关。同文馆博物馆的藏品多为新式机器（包括模型）、矿石、动植物以及医学标本等，丁韪良曾将一台当时属于高科技的发报机陈列在同文馆博物馆里。同文馆博物馆在传播近代科学技术知识方面发挥了积极作用，也开了我国博物馆事业的先河。它是中国第一家官办博物馆、第一家高校博物馆、第一家科技博物馆，美中不足是只为学校师生服务、不对普通公众开放。随着 1902 年同文馆并入成立不久的京师大学堂，同文馆博物馆也退出了历史舞台。

同文馆博物馆的存在并不会削弱张謇作为我国博物馆事业开创者的贡献。南通博物苑依然是我国现存最早的博物馆。

1905 年，张謇在其《上南皮相国请京师建设帝室博览馆议》中，主张仿效日本帝室博览馆之制，"奏请皇太后、皇上颁赐内府所藏"并"谕令京内外大小臣工及世禄之家、嗜古之士进其所藏"，在京师设立帝室博览馆，并"可渐推行于各行省"，还从建筑、陈列、管理、模型、采辑、表彰六个方面对博览馆的规划提出了具体建议。然而此议未被清朝皇室采纳。

同年冬天，张謇自行创办了南通博物苑，这是中国人建立的第一家公共博物馆。南通博物苑属于园林式的综合性博物馆，相继建成南馆、中馆、北馆等，藏品及展陈分自然、历史、美术、教育四部，

镌有"古物陈列所"门额的故宫东华门旧照

与室外花草树木、珍禽走兽、标本模型配套呼应，其规划管理和教育理念居于国内领先水平。尤为难得的是，南通博物苑历经风雨走过了110多年历程，顽强地生存发展至今，成为我国博物馆事业沧桑与辉煌的重要见证者。

1912年中华民国建立后，迅将博物馆建设提上议事日程，教育总长蔡元培主导，于1912年7月在国子监设立历史博物馆筹备处，接收国子监文物、清宫档案及私人捐赠，1918年迁至故宫午门及以南朝房，1924年开放展览，是今日中国国家博物馆的前身。

1913年初，有"让国之德"的隆裕太后去世，民国政府以国丧之礼在太和殿举行国民哀悼大会，此后紫禁城前朝即由民国政府内务部管理，逊清皇室退居后宫。1913年爆发了扑朔迷离的"盗卖热河避暑山庄前清古物案"，1914年前清遗老又在社会上掀起了一场来势汹汹的复辟风潮。在这种背景下，北洋政府接受社会各界有识之士的建议，把热河避暑山庄和沈阳盛京故宫两处20余万件文物运到北京，仿效外国先例将紫禁城前朝改为博物馆对公众开放，既展示和保存国宝，又杜绝逊清皇室与遗老的觊觎。

1914年10月10日古物陈列所正式对公众开放，其全盛时期的范围包括整个紫禁城的前朝部分，武英殿、文华殿、太和殿、中和殿、保和殿等主要建筑和紫禁城四门中的西华门、东华门尽在其间，是我国乃至亚洲第一个皇宫博物馆，在全世界也仅次于法国卢浮宫和凡尔赛宫，早于俄罗斯艾尔米塔什皇宫、奥地利霍夫堡和美泉宫、德意志柏林皇宫、土耳其托普卡帕宫、韩国景福宫等，在20世纪的民主化之风中，参与引领了皇宫变身博物馆的世界潮流。在故宫博物院成立前，古物陈列所一直是中国规模最大、地位最重要的博物馆，实际承担着国家博物馆的职责，比如收藏展示国家最重要的皇家文化遗产、接待瑞典王储等外国贵宾参观、代表国家接收美国博物馆

故宫博物院北门

送回的天坛流失文物等。当时，古物陈列所的英文名称就直接译为 The National Museum（国家博物馆）。

一定程度上正是由于古物陈列所的存在，1915 年底袁世凯复辟时举行的唯一仪式，只是在中南海居仁堂宣布称帝改元，接受"妃嫔"和"近臣"们拜贺；1917 年张勋复辟时也只能扶持少年溥仪在后宫乾清宫"重登大宝"接受朝贺，而都未能按礼制在太和殿举行大典。这些即使是在当时遗老们眼里也被普遍视为不伦不类，预示着复辟"命中注定"不可能长久。

1925 年故宫博物院成立，成为我国博物馆界新的"龙头老大"，特别是 1928 年直属南京国民政府后，建立了第一届理事会，37 名理事涵盖了蒋介石以下全国政治、军事、文化、教育、财经、宗教等领域的头面人物，李煜瀛、于右任、蔡元培、汪精卫、宋子文、冯玉祥、阎锡山、张学良、何应钦、戴季陶、胡汉民、班禅九世、恩克巴图等均在其列。

　　但当时的故宫博物院只包括紫禁城后宫部分，因此名称牌匾是挂在北边的神武门并延续至今。其与古物陈列所并存于紫禁城内达二十余年，犹如兄弟分家生活，既有竞争也有合作。抗日战争时期两馆同心协力将国宝南迁沪宁、西迁巴蜀，在内忧外患的战乱年代，守护百万国宝颠沛辗转十余省，跋山涉水上万公里，历经艰难险阻，铸就了世界历史上抢救保护珍贵文化遗产的传奇，其间还曾在上海、成都、重庆等地举办国宝展览，凝聚民族意识，坚定抗战信心，并远赴英国、苏联举办展览，传播中华文化，联络盟国情谊。抗战胜利后，古物陈列所与故宫博物院的影响此消彼长，已呈分久必合之势，1948年国民政府将古物陈列所占据的紫禁城前朝并入故宫博物院，形成今日包括整个紫禁城在内的故宫博物院，而将古物陈列所的藏品划归南京的中央博物院筹备处，其中部分又在1949年后随国民党政权撤往台湾而成为台北故宫博物院藏品的组成部分。

　　值得一提的是，古物陈列所首任所长治格是同文馆的毕业生，想必曾受益于同文馆博物馆。冥冥之中仿佛有一只无形的手，就这样将我国早期几大博物馆牵连在一起。

　　1927年至1936年，是民国时期社会经济发展的"黄金十年"，也是我国博物馆事业发展的一个高峰，博物馆数量达到231个（其中管理规范、功能健全的为77个），类型也比较齐全，而且分布到了西南、西北等边远地区，初显亚洲第一博物馆大国气象。可惜良好的发展势头被随后爆发的日本全面侵华战争及内战严重冲击，至1949年全国博物馆仅存24个。

　　中华人民共和国成立后，借鉴苏联模式，在20世纪50年代建立了一批省级地志类（通常包括自然、历史与革命三部分，又称综合性）博物馆和以革命类为主的纪念性博物馆。中国历史革命馆、中国革命博物馆、中国人民革命军事博物馆、北京自然博物馆等大型博物馆也相继建成。此外还有不少在当时历史背景下盲目上马、徒有虚名的博物馆。比如，1956年全国博物馆总数为67个，到1959年底就大幅增至480个，到1969年，博物馆数量又锐减至171个。经反复折腾，博物馆事业元气大伤。

改革开放以来，随着我国经济社会快速发展，博物馆事业也逐步进入了健康发展的快车道，省级博物馆改扩建与地市级博物馆兴建成为热点。1987年全国博物馆数量达到约900个。

20世纪90年代后，博物馆事业更是呈现加速度发展的趋势，从世纪之交每年新增约100家，到2008年实施免费开放政策以后每年新增300余家，近几年稳定在每年新增约200家。行业博物馆群体和民办博物馆群体相继崛起，成为新的亮点。当代成为我国历史上博物馆事业发展最快的时期，我国也是目前世界上博物馆事业发展迅速的国家之一（从笔者掌握的数据看仅次于美国）。

第二章
黄金发展期：当之无愧的博物馆大国

过去30年，中国博物馆的数量以平均每年新增约150家的速度增长。截止到2020年底，全国（不含港澳台）在省级以上文物主管部门注册并在国家文物局备案的博物馆已有5 788家。其中，免费开放博物馆5 214家，国有其他部门所属行业博物馆800家，民办博物馆1 860家，在中华大地上星罗棋布。此外还有大约300家国有美术馆以及2 000余家自称博物馆、美术馆的内部陈列

漠河的鄂伦春民族博物馆（中国最北博物馆）

三沙市的西沙海洋博物馆（中国最南博物馆） 　抚远资源展示馆（中国最东博物馆）

喀什盘橐城遗址（中国最西博物馆）

西藏博物馆（中国海拔最高的博物馆） 　贵州某村的陋室博物馆

室或私人收藏馆。

我国已是当之无愧的博物馆大国。从数量来看，我国在全世界应能跻身前三位。目前全世界博物馆总数约10万家，美国的博物馆数量第一，按窄口径统计大概是1.2万家，按宽口径统计更是高达3.5万家。其次是德国（约6 000家）、法国（5 000余家）、俄罗斯（约5 000家）等国。

我国博物馆体系从类型上看已基本完备，既有综合类、历史类、艺术类、故居旧址类、考古遗址类，也有民族民俗（含宗教）类、自然科学类、工业遗产类，以及各种专题博物馆，还出现了生态（社区）、数字（智慧）等新形态博物馆，广泛分布于各地区、各行业。

一、 当代中国博物馆掠影

故宫博物院是中国最大、最著名的博物馆，也是世界上观众人

从太和殿顶看故宫

数最多的博物馆。按照国际上一些学者将遗址与博物馆区分开的观点，它并不属于典型的博物馆，笔者在故宫期间从事对外交流工作时，就曾多次遇到外方只知"紫禁城"而不知"故宫博物院"的情形。经过近年来的努力，这种情况已有很大改观，故宫作为博物馆的形象已越来越深入人心。在郑欣淼院长任内，故宫博物院完成了主要建筑大修和藏品全面清理的重任，并在两岸交流方面实现了突破，国际交流与合作水平也迈上了新台阶。单霁翔院长上任后在改善观众接待条件、扩大公共开放面积、提升文创产品开发水平、加强文物保护机构建设、扩大国际影响等方面取得了十分显著的成绩。

故宫博物院每年接待的观众人数长期保持在 1 000 万人次以上且呈递增趋势，这既充分体现了它的重要地位和巨大魅力，也带来了一些负面影响：接待压力很大、观众参观效果打折、影响文物古建安全。于是故宫在 2014 年的观众人数达到 1 525 万人次的高峰后，随即推出了每日最高 8 万人次的限流政策。据报道，法国卢浮宫

人头攒动的故宫

2018年观众人数达到1 020万人次的高峰，虽然与故宫相比还有一定距离，但卢浮宫的占地面积和建筑面积均远不及故宫，所以卢浮宫能接待如此巨量的观众也是十分惊人的，这可能得益于卢浮宫全年观众人数相对比较均衡，而不像故宫那样存在明显的旺季和淡季。两馆在观众结构上也有一定差异，比如故宫博物院80%的观众来自中国内地，20%来自境外，而卢浮宫80%的观众来自外国，20%来自法国国内。

除了限流外，故宫同年还开始实行每周闭馆一天的制度（节假日和旅游旺季除外），虽然这可能会对观众人数产生一定影响，但故宫近年来明显扩大了开放面积，尤其在旅游淡季还有较大接待潜力，有利于"削峰填谷"。每周闭馆一天有利于藏品保护和设施维修，也属于国际惯例（据测算博物馆通常每周一观众人数最少，因此国内外许多博物馆都选择周一闭馆休整，但并不绝对，比如法国卢浮宫博物馆就不是周一闭馆）。此前笔者曾建议故宫将每周闭馆日期

中国国家博物馆

错开周一而选择其他日子,因为附近的中国国家博物馆及长安街沿线的首都博物馆、中国人民革命军事博物馆、中国妇女儿童博物馆、中国海关博物馆等早已实行每周一闭馆了,如果故宫也在同一天闭馆可能会导致当天参观天安门广场后的大量游客无馆可去。彼此相邻的几个博物馆完全可以错开闭馆日期以更好地体现"以人为本"的服务精神,尤其是可以减少闭馆给外地观众带来的不便。

始建于1912年的中国历史博物馆和筹建于1950年的中国革命博物馆,从1959年起就一起矗立于天安门广场东侧,与人民大会堂隔着天安门广场相对,大致位于现代中国政治中枢中南海的南边,被视为与《周礼·考工记》所载国都规制的"左祖右社"格局暗合,肩负着当代中华"祖庙"的重任。

2003年两馆合并组成中国国家博物馆,2011年建成的新馆建筑面积接近20万平方米,是世界上单体建筑面积最大的博物馆,也是反映当代中国博物馆建设成就的标志之一。只是其承载着时代印迹的西立面被完全拆除重建,令人感到惋惜。

中国国家博物馆继承了原有两馆从古至今历史主题的藏品和陈列基础,是难得能够"一馆看尽五千年"的博物馆之一。吕章申馆长任上提出"历史与艺术并重"的办馆方向,也不失为兼顾继承和发展的一种定位调整与探索,而且该博物馆也确实举办了一些高水平的艺术展览。不过,既称"祖庙",似当仍以历史为主。

上海博物馆可以说跻身全国顶尖博物馆行列。它从20世纪90年代起,率先借鉴欧美博物馆的管理模式,在马承源以来历任馆长一以贯之的领导下,长期成为全国博物馆的标杆。在从2009年至2017年的历次国家一级博物馆运行评估中,上海博物馆得分始终名列前茅。其实上海博物馆的许多硬件条件和基础指标如建筑面积、藏品数量、观众人数均难以与一些兄弟馆比肩,能成为中国最好的

上海博物馆

博物馆实属不易，说明其整体实力强、各方面发展均衡。不过近年来国内其他博物馆迅速崛起，上海博物馆的领先优势已不太明显。

上海博物馆东馆建设项目将于 2022 年竣工开放，这无疑是上海博物馆进一步发展的新契机，使其能够突破原有基础条件的制约，重新定位其地位、宗旨和使命，合理扩展上海博物馆的收藏领域、展示范围，以更好地发挥其在国内外的作用和影响。比如似可将其原有的定位"中国古代艺术博物馆"调整为背靠亚欧大陆、面向环太地区的"全球卓越城市博物馆"，其收藏、展示领域随之逐步拓展到现当代中国艺术和国际艺术领域。

陕西历史博物馆是改革开放后兴建的首座现代化省级博物馆，也是我国馆藏实力最强并具有国际影响力的博物馆之一。依托其国家级高水平收藏和近年来的策展新理念，该馆成为荣获全国博物馆十大陈列展览精品项目较多的博物馆之一。

湖南省博物馆得益于陈建明馆长任内推行的绩效管理改革，21世纪初以来在展览策划、社教服务和学术研究方面成为全国博物馆界一匹"黑马"，一枝独秀般地塑造了湖南作为博物馆大省的形象，

陕西历史博物馆

湖南省博物馆新馆

这也成为一些欠发达省份打造博物馆工作业绩的效仿捷径。该馆的新馆建成开放又为下一步发展提供了新的机遇。

南京博物院的前身是民国的中央博物院筹备处,辽宁省博物馆的前身是东北博物馆,重庆中国三峡博物馆的前身是西南博物院,它们在新中国成立初期同属于大区级博物馆,地位高,家底厚,实力强,近年来以新馆改扩建和中央地方共建国家级博物馆为契机迎

南京博物院

来新的发展，其中尤以南京博物院一马当先，龚良院长充分发挥了该馆机构与功能"五合一"的优势，推动南博的院内展陈和对外交流上了新台阶。

河南博物院、浙江省博物馆、湖北省博物馆、首都博物馆、山西博物院等也受益于中央地方共建国家级博物馆政策，同时依托自身地域特色和资源优势，在展陈策划、公共服务、文创开发等方面各擅胜场、可圈可点。

河南博物院内景

苏州博物馆是拥有省级博物馆实力和影响的市级博物馆，在国家一级博物馆年度运行评估中，它是唯一连续多年闯入前十的市级博物馆。其建筑风格和布局兼顾周围环境风貌，富有地方特色，但也带来展厅偏小、展线不够舒畅之弊。2021年苏州博物馆西馆建成开放，有效提升了该馆的社会服务能力。

　　宁波博物馆是2008年才建立的年轻博物馆，藏品数量不算多，藏品等级也并不高，但其建筑由名师设计，开放后举办过一些有影响力的国内外研讨会，并且是中国博物馆协会志愿者专委会的挂靠单位，由于定位准、起点高、方向好，仅用五年时间就跻身国家一级博物馆的行列。不过有一个阶段该馆领导变动频繁，给该馆发展带来了一定负面影响。

　　如果说国家级博物馆是龙头、省级博物馆是骨干，那市级博物馆就已经成为我国当代博物馆体系的重要支撑力量。它们在每年的

宁波博物馆

第二章　021
黄金发展期：当之无愧的博物馆大国

深圳博物馆大厅

许昌博物馆

常州博物馆

包头博物馆

延边博物馆内景

凉山彝族自治州博物馆

镇江博物馆

鄂尔多斯博物馆

"十大陈列展览精品"和"最具创新力博物馆"评选中也多有斩获。

县级博物馆中也有青州博物馆、婺源县博物馆、巫山博物馆等实力较强、影响较大的代表。

在上述各自的综合特点之外，从近年相对突出的领域来看，故宫博物院、中国国家博物馆、恭王府博物馆、浙江省博物馆在学术研究和文创开发方面，敦煌研究院、秦始皇帝陵博物院、湖北省博物馆、荆州博物馆在文物保护科技研究及成果应用方面，首都博物馆、河南博物院、河北博物院在陈列展览方面，山东博物馆、吉林省博物院在专馆建设方面，内蒙古博物院、福建博物院、黑龙江省博物馆在公共教育方面，南京博物院、苏州博物馆、甘肃省博物馆在数字化建设方面，四川博物院、新疆维吾尔自治区博物馆在流动博物馆方面，也都异军突起、各有建树。一个馆的崛起往往体现在多个方面，除上海博物馆、故宫博物院的榜样外，近年来广东省博物馆令人瞩目的综合表现也是一个突出例证。

过去十年间，特别是免费开放以来，我国省级综合博物馆的发

青州博物馆

巫山博物馆

珲春历史陈列馆

河北博物院大厅

广东省博物馆展厅

福建博物院展厅

展呈现出比较均衡的局面，东北和东南一些曾经相对落后的博物馆如黑龙江省博物馆、吉林省博物院和福建博物院等也都面貌一新，所在区域的博物馆事业整体局面亦随之明显改观。不过，也有西部和中部个别省馆受制于场馆条件、管理体制、藏品资源、研究实力等因素，整体表现依然偏弱。从文博系统内部来说，一个可行的解决之道，是借博物馆改扩建之机，将省级博物馆与省级考古所合并，充实藏品资源、提升研究水平，集中力量将省馆打造成为全省博物馆的龙头。

以反映重大历史事件和重要历史人物为主题的纪念类博物馆，既可视为我国乃至世界博物馆最早的源头（孔子庙堂），也是我国当代博物馆的重要组成部分，尤其是近现代题材纪念馆数量庞大，

井冈山革命博物馆

鄂豫皖苏区首府革命博物馆展厅

延安革命纪念馆

中国工农红军西路军纪念馆

西柏坡纪念馆

大邑刘氏庄园博物馆

抗美援朝纪念馆

黑河知青博物馆内景

深圳劳务工博物馆

邓小平故居陈列馆

老舍纪念馆

北京鲁迅博物馆

如果加上有纪念馆性质的综合馆（例如由中国历史博物馆和中国革命博物馆组成的中国国家博物馆），数量超过全国博物馆总数的20%；其中绝大多数又属于革命类主题，占全国各类纪念馆总数的比例超过80%（还有同一主题在全国不同地方都建有纪念馆的现象，其中既有相对必要的，也有比较勉强的）。而且与国际上以纪念古今哲学家、科学家、作家、画家、音乐家、实业家等题材为主的人物纪念馆格局相比，我国近现代政治家、革命家纪念馆群体一家独大，这一方面说明有关部门对革命纪念馆建设高度重视并已取得显著成绩，另一方面也反映当前纪念馆体系单一、其他题材纪念馆发育不良的状况，呈现出严重不平衡。

其实纪念馆领域潜力很大，比如我国有以中国人民抗日战争纪

中国人民抗日战争纪念馆

滇西抗战纪念馆

念馆为代表的众多与抗日战争（第二次世界大战）相关的纪念馆，却没有几家与第一次世界大战相关的纪念馆，而中国是"一战"的战胜国，为"一战"贡献了大批华工，"一战"及其巴黎和会对中国现代史也影响巨大，青岛尚有"一战"日德争夺遗存，又是不少华工登船出国之地，2018年青岛一战遗址博物馆建成开馆，填补了这一空白。笔者十几年前在美国的"一战"主题博物馆自由纪念馆内曾见到其悬挂有中国当时的五色旗。一些非红色的重要历史人物似乎也应该在其主要活动地享有一席之地，比如天津建梁启超纪念馆、武汉建张之洞纪念馆、重庆建卢作孚纪念馆等等。

新疆生产建设兵团近年在图木舒克市建立新疆屯垦历史博物馆，笔者认为到南疆选址建设很有意义，因为北疆已有石河子的军垦博物馆。新疆兵团军垦博物馆以兵团军垦历史为主题，虽只是师属但

新疆兵团军垦博物馆

沙尘中的阿拉尔三五九旅屯垦纪念馆

阿克苏博物馆外景

已有全国影响,且北疆还有一批师团属博物馆,而南疆则整体很薄弱。南疆一直是我国历史上中央政府在西域经略和屯垦的重点,汉代西域三十六国集中在南疆,张骞出使西域和班超投笔从戎都是在南疆,因此将全面反映我国在新疆屯垦的历史及贡献的新疆屯垦历史博物馆建在南疆，既是理所当然也是时代的需要。

依托重大历史事件旧址和重要历史人物旧居而建立的纪念馆，往往为了突出主体建筑和方便观众参观，对周边环境（民居、道路等）改变较大，虽有其一定的合理性，但遗憾的是在历史真实性上打了折扣。

一些传统惯性思维也制约了革命类纪念馆的发展。如持续十年的"文化大革命"，各种文献、实物及当事人记忆尚大量存在（但可惜已有不少档案资料灭失及当事人去世，因此也亟待抢救），而且早有1981年中国共产党第十一届六中全会一致通过的《关于建国以来党的若干历史问题的决议》为之定性，但未有集中收藏、体现场所。

以中国科学技术馆、上海科技馆、北京自然博物馆、中国妇女儿童博物馆、中国丝绸博物馆、中国海关博物馆为代表的行业博物馆也是当代中国博物馆发展的亮点之一。在博物馆分类中，行业博物馆属于专题类博物馆，由于各部委和行业总部的地利因素，主要的行业博物馆大多集中在北京或东部省市。俗话说，"三百六十行，行行出状元"，我国的行业博物馆已达800家，可以说几乎每个行

北京自然博物馆

第二章　033
黄金发展期：当之无愧的博物馆大国

中国海关博物馆

国家典籍博物馆

隆平水稻博物馆

云南民族博物馆

重庆自然博物馆

中国酒泉卫星发射中心历史展览馆

上海玻璃博物馆

茅台集团酒文化博物馆

业都已有各种专题性博物馆,其中仅高校博物馆就超过 300 家。不过各部委在愿意投资建设行业博物馆的同时,却普遍对博物馆建成后需要持续投入经费维持正常运营缺乏准备,而寄希望于尽快纳入国家免费开放经费保障之列。

此外,我国各省考古所保存了大量考古出土文物,本来按照《文物保护法实施条例》的要求,应该分批向博物馆移交,不过出于种种原因(主要是部门利益协调问题)未能很好落实。近年来,一些省的考古所转而策划自己建立考古博物馆,但这样做一是与现行法规冲突,二是与已有的省博物馆争夺资源,三是各省考古所都建博物馆难免高度同质化。其实,只有个别省既有实力也有必要(文物资源极其丰富,省博物馆缺少收藏和展示空间)依托考古所另建博物馆，但是该类博物馆建成后也宜与考古所脱钩成为独立法人，以符合相关要求。从长远来看，将考古馆与博物馆合并是符合二者业务特点和事业发展趋势的。

我国是文明古国，遗址遗迹、遗存遗物都非常丰富，因此遗址类博物馆（包括古建筑博物馆）在我国博物馆界占有较大比例，数量超过1 000个。国际博物馆协会内部在20世纪60年代对于"什么是博物馆"发生过一次重大争论，一批人认为遗址的主要任务是保护和研究，不属于以收藏和展示为主要任务的博物馆范畴，他们从国际博协中独立出来另外建立了国际古迹遗址理事会。因此，在欧洲和北美，有众多遗址不自认为或不被视为博物馆（这也是国外有机构评选年度世界最佳博物馆时，北京的故宫博物院不在候选范围而台北故宫博物院却榜上有名的原因）。我国当时对外交流不多，没有受到这一争论和分裂的影响，反倒依托考古成果新建了一批遗址类博物馆，成就了我国遗址博物馆的优势。

周口店北京人遗址博物馆和西安

秦始皇兵马俑

第二章　037
黄金发展期：当之无愧的博物馆大国

查海遗址博物馆

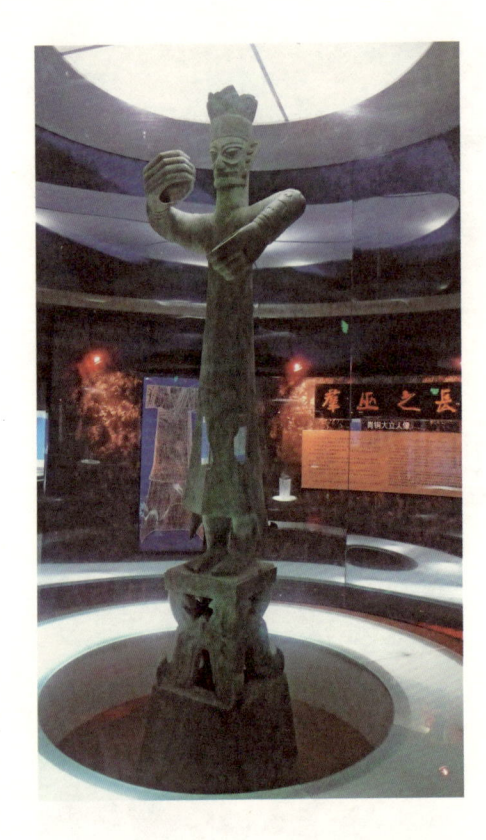

三星堆博物馆展厅

半坡博物馆是我国遗址类博物馆的开拓者。秦始皇帝陵博物院（秦始皇兵马俑博物馆）是遗址类博物馆的重要代表，在国际上享有盛名。四川广汉三星堆博物馆和成都金沙遗址博物馆是遗址类博物馆的后起之秀。河南二里头夏都遗址博物馆则是遗址类博物馆家族的新成员之一。以保护和展示不可移动文物为主的遗址类博物馆与以保护和展示可移动文物为主的综合历史类博物馆各有特点和优势，可以互相补充、互相借鉴。在具备条件的地方应该建立更多的遗址博物馆或考古遗址公园，推动更多的古代文化遗址向社会公众开放。

重庆白鹤梁水下博物馆也属于遗址类博物馆，是世界上第一个真正的水下博物馆。观众不用穿戴特殊的水下装备，可以从地面建筑沿着廊道进入水下，透过舷窗就近观看因三峡工程而淹没于水下

柳州工业博物馆展示场景

几十米深石梁上的古代题刻。虽然技术尚不尽完善，但也不失为反映当代中国博物馆建设成就的标志之一。

　　工业遗产博物馆是一种新型的遗址类博物馆。工业时代是人类社会发展历程中十分重要的一个时代，人类社会在工业时代100年的进步超过去1 000年，而且工业时代与我们当代生活密切关联。20世纪60年代在工业革命的发源地英国出现了保护工业遗产的理念和实践（铁桥峡谷博物馆）并迅速成为国际共识。我国的工业遗产博物馆以沈阳工业博物馆和柳州工业博物馆为早期代表，前者位于号称"共和国长子"的沈阳铁西区，以拥有"新中国工业的100个第一"而闻名，后者位于山水城市柳州，虽名气相对小些，却也是拥有百年工业历史的区域中心城市。两座城市均早在20世纪30年代就奠定了比较雄厚的工业基础，并长期作为主要工业城市在国民经济中发挥重要作用，直到前些年城市转型升级、工业中心外迁，才利用部分空余的工厂车间、工人住房、配套设施、工业设备、档案资料等条件，并适当改造或新建展厅和互动场地，以博物馆形式全面反映各自工业发展的历史与成就。此外，全国各地还有一系列

大庆博物馆内景

大同市博物馆

专题性的工业主题博物馆,共同承载着我国刚刚走过的一个时代的记忆。特别是一些过去主要依托工业实力和矿业资源"畸形"发展的地区,在工业转型和资源枯竭的情况下,都寄希望于发展旅游来重振经济、再塑形象,而博物馆作为连接过去与未来的桥梁及其在文化创意领域具有积极作用,因而被寄予厚望,比如黑龙江大庆、江苏南通等地都已初见成效,但也还有一些传统工矿业地区比如甘肃白银、云南个旧等相对比较被动。不过,以英国铁桥峡谷博物馆和法国克勒索蒙特索矿业社区生态博物馆为代表的国外最早的一批工业遗产博物馆,绝不仅仅是把传统博物馆的保护展示对象扩展到工业时代的代表性物证,而是更多以生态博物馆(详见后述)的理念和模式横空出世的，我国工业遗产博物馆目前整体上则主要仍是传统博物馆的延续。

当代社会已进入后工业的信息时代，数字博物馆应运而生。从博物馆在国际互联网开设网站提供信息资讯服务，到博物馆业务运营，比如办公自动化系统、藏品数据库技术、数字监测系统、虚拟现实技术等，最终通过物联网、大数据、云计算和移动通信设备将博物馆管理和服务各领域整合为一体的智慧博物馆已呼之欲出。在博物馆信息技术运用方面，上海博物馆是先行者，20世纪80年代即已起步，可惜因为种种原因"起了个大早，赶了个晚集"；故宫博物院、敦煌研究院、南京博物院、河南博物院目前在这一领域处于行业领先地位；秦始皇帝陵博物院（秦始皇兵马俑博物馆）、苏州博物馆、甘肃省博物馆、广东省博物馆、成都金沙遗址博物馆、山西博物院等在国家文物局支持下紧随其后。中国国家博物馆近年也开始发力。北京市、陕西省、山东省则由当地省级文物主管部门统一规划和主导区域内的博物馆信息化工作，整体平均水平较高。

在当代中国，博物馆已经成为城市新区建设或文化政绩展示的"四菜一汤"（博物馆、图书馆、大剧院、规划馆、广场喷水池）标配之一。这在客观上对全国博物馆事业的发展起了推动作用。

除了展示政绩，博物馆也给所在地带来了实惠。据国务院发展研究中心《中国文化遗产事业发展报告》显示：仅占GDP 0.018%的全国文物博物馆系统财政拨款对国民经济的贡献却达到了0.143%，即国家对于文物博物馆系统每投入1元，直接和间接产出是7.9元。虽然这个绩效数字随着免费开放的扩大可能有所下降，但无论如何，作为非营利机构的博物馆，在当代中国发挥的直接社会效益是十分巨大的，带来的间接经济效益也是相当可观的。

博物馆的新建或改扩建，既能够成为博物馆跨越式发展的契机

纽约古根海姆博物馆内景

贵州省博物馆新馆

（如上海博物馆在 1990 年代中期完成新馆建设，迅速崛起成为中国一流的博物馆），也可能成为打断发展进程、错失发展时机的转折点（如西南某省级博物馆新馆建设曾迁延日久，既耽误一代人的青春，又错过"中央地方共建国家级博物馆"的机遇）。因此，如今重要博物馆面临改扩建时，一般都会通过借地展陈或巡回办展等方式保证业务不断、人心不散。

　　毫无疑问，绝大多数人参观博物馆，是被博物馆的主题及其展陈内容所吸引，比如我国的故宫博物院；但也有越来越多的新建博物馆以其外观形式成为吸引人们的亮点，比如西班牙毕尔巴鄂的古根海姆博物馆。应该说，这两者都是成功的。最理想的博物馆应是其建筑形式能很好地反映内容主题，同时满足博物馆的使用功能。

　　世界上现有的博物馆，内容主题可谓无所不包，建筑形式也千差万别，似乎很难从中发现有关主题与内容的绝对规律：同样的殿堂式建筑，既可以做艺术博物馆，也可以做自然博物馆；同样的历史主题，既可以在庭院式展馆展示，也可以在殿堂式大厅展示。真正的设计风格差异往往体现在对内容主题元素的细微表达上。

　　如果是利用古旧建筑改作博物馆，内容主题当然只能迁就、适应建筑形式，许多著名博物馆也是如此，似乎并未因此受太大影响。而新建博物馆时，自然希望建筑设计能反映博物馆的主题，这既有成功的例证，比如一些特色鲜明的博物馆；也不乏失败的教训，大多是因为建筑形式过于具象地反映内容主题而不是恰当体现相关元素，比如一些纪念馆。

　　与内容主题各具个性相比，博物馆在功能上却有很强的共性。

山东博物馆

比如常规博物馆都具有藏品收藏和保护、陈列展览、社会教育与公共服务、学术研究、行政管理与后勤保障这五大领域的职能，博物馆的空间应该满足实现这些职能的需求。不宜因建筑形式而造成太大的空间浪费，更不能因建筑形式而牺牲必要的功能需求。

在部分出于政绩驱动的博物馆建设热潮中以及地方政府"不差钱"的背景下，当代博物馆建设的一个显著趋势是场馆规模越来越大，超过10万平方米的省级馆、超过5万平方米的市级馆已不罕见，远远超出《博物馆建筑设计规范》和《博物馆建设标准》中的指标：小型馆（相当县级馆）4 000平方米以下、中型馆（相当市级馆）4 000至10 000平方米、大型馆（相当于省级馆）10 000至20 000平方米、特大型馆（国家级馆）20 000平方米以上。建设规模适度超前无疑是应该的，对于藏品丰富的馆更是必要的，但过于脱离实际就可能造成运营维护上的负担，再加上空间难以充分、合理利用而导致巨大浪费。当然，现行设计规范和拟定建设标准受制于政府财政支出意愿和能力而明显滞后于博物馆事业发展的实际与趋势也是不争的事实。

在当代我国博物馆建设中，有许多馆舍被视为政绩工程而追求成为地标建筑，因而设计上过于讲究外观新、奇、特，较少考虑内部的功能需求。本来，审美意识是见仁见智的，很难且也没必要更不应该制定统一标准。博物馆作为展示视觉艺术的场所，其自身也应该成为一件艺术品，因此在形式上必须有所追求，但前提在于：博物馆建筑形式一方面要体现博物馆个性化的内容主题，另一方面要满足博物馆共同的使用功能需求。

当代我国博物馆建设中还有一个特点，是推崇另起炉灶、全部推倒重来，因此一座座没有历史底蕴的"现代化"新馆拔地而起，凸显出决策者沾沾自喜的"土豪"本色。而国际上不少著名博物馆

中国博物馆协会第 6 届会员代表大会

第 7 届中国博物馆及相关产品与技术博览会开幕式

往往是由一组不同历史时期的馆舍组成，追求的是传承有序的"贵族"身世。

在博物馆的主题和内容方面，不少地方也不顾藏品基础和地域特色，刻意追求"大而全""小而全"，导致百馆一面、缺少特点。我们当然需要一些省级、国家级甚至世界级的"巨无霸"博物馆，来全面、集中反映一个地区、整个民族乃至全人类的历史与文化，帮助我们认识所处的世界，但是我们也需要更多与我们个人、家庭、社区有密切关系的小博物馆，因地制宜，各具特色，关照个体，亲切便利。这里的大小不仅指博物馆的规模，更包括博物馆的主题。

虽然还有这样那样的不足，但中国博物馆的持续高速发展，已然成为当代国际博物馆界的一大亮点。2010 年 11 月，国际博物馆协会第 22 届大会在上海召开，122 个国家和国际组织的 3 462 名代表参加，其中国外代表占了一半，这是国际博协历史上规模最大的会议之一，也是我国文化遗产和博物馆领域规模最大、级别最高的盛会，标志着我国博物馆事业的发展进入了新的历史时期。

2012 年亚洲太平洋地区博物馆联盟会议在武汉召开，2021 年国际博物馆协会藏品保护委员会大会在北京召开，其间，中国博物馆界连续三届大规模组团参加国际博物馆协会里约热内卢大会、米兰大会和京都大会，通过"走出去、请进来"，一次又一次全面展示了当代中国博物馆发展的成就。

与此同时，中国博物馆的国际影响力也随之增强到新的水平，继时任中国自然科学博物馆协会理事长李象益当选国际博物馆协会执行委员，以及中国博物馆协会两任理事长张柏、宋新潮先后当选亚太地区博物馆联盟主席之后，时任中国博协副理事长、国际博协执委安来顺进一步当选国际博物馆协会副主席，一批国内著名博物馆馆长也分别进入国际博协各专委会或亚太博联的领导层，中国博物馆作为一个整体在国际博物馆界越来越有形象、有声音、有地位、有影响。

二、 民办博物馆的是与非

民办博物馆的迅猛发展无疑是我国当代博物馆事业最大的亮点之一，它在很大程度上改变了我国传统博物馆的格局甚至理念。

民办博物馆是指由政府部门及国有机构以外的社会力量（包括

大唐西市博物馆内景

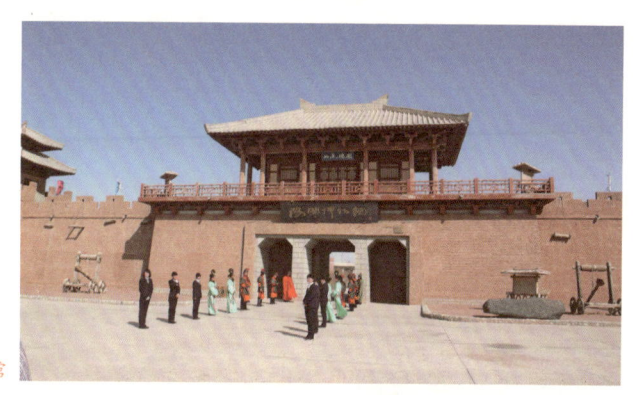

阳关博物馆

私人、私营企业、民间社团等）主要利用民间收藏的文物、资料、标本兴办并取得法人资格，向公众开放的非营利性社会公益机构。也称为非国有博物馆、私立博物馆、民营博物馆、私人博物馆等，2010年国家文物局等七部局《关于促进民办博物馆发展的意见》中将其统称为"民办博物馆"。后来国有企业设立的博物馆虽然其资产属于国有，但按照现行政策不能取得事业身份，也只能依法登记为民办非企业法人，与传统意义上的民办博物馆归属同一范畴，导致对办博物馆的认识、管理和政策出现了一定混乱。为此，2015年国务院颁布的《博物馆条例》将民办博物馆改称为"非国有博物馆"，而国有企业创办的博物馆也得以更合理地归属于行业博物馆范畴。

不过，按照所有制分类似非长久之计，在大力推行混合所有制的背景下，部分非国有博物馆也拥有越来越多的国有资产，如陕西的大唐西市博物馆所依托的大唐西市遗址和甘肃阳关博物馆所管理的阳关遗址均属于国有的全国重点文物保护单位，因此对非国有博物馆恢复"民办博物馆"或"民营博物馆"称谓应该更恰当。

民办博物馆在我国源远流长，1860年以后来华传教士在我国建立的一系列博物馆，以及1905年中国人自己创办的南通博物苑，都

四海壶具博物馆的"出生证"

观复博物馆

属于民办博物馆。但是1949年中华人民共和国成立后,民办博物馆几乎全部消亡或转制了。如今的民办博物馆属于改革开放之后出现的新生事物,是民间收藏发展的结果。

1981年上海出现了第一家可预约参观的私人收藏馆——陈氏算具陈列馆,而第一家经文物主管部门批准成立的民办博物馆,是1992年在上海开放的四海壶具博物馆,稍后江苏常熟的徐建新钱币博物馆也经当地文物部门批准对外开放。1996年北京市文物局批准观复博物馆、古陶文明博物馆、何扬吴茜现代绘画馆成立开放,随后民办博物馆在全国如雨后春笋蓬勃发展。截至2020年底,民办博物馆已达1 860家,占全国博物馆总数的32%。而且从过去8年看,民办博物馆的增长幅度超过了博物馆整体的增长幅度。民办博物馆在全国博物馆总数中的占比:2008年底为10.7%,2009年底微升至10.9%,2010年底猛升至13.3%,2011年底占14.9%,2012年底达到16.7%,2013年底再猛升至19.5%,2014年底为21.8%,2015年底为23.7%,2016年底达26.6%,至2020年更达到32%,几次强劲增长与利好政策出台呈现明显的关联性。

四川建川博物馆

050　当代中国博物馆

上海龙美术馆内景

今日美术馆

东莞市钱币博物馆

从分布来看，民办博物馆主要集中在经济发达地区（如浙江、江苏、广东）和藏品资源丰富地区（如山东、四川、陕西），上述6省区的民办博物馆数量占全国31个省区市民办博物馆总数的一半。数量最多的省是山东，数量最多的市是成都。

从类型来看，以收藏近现代和当代艺术品为主的艺术类博物馆数量最多，接近1/3；其次是历史文物类，超过1/4；其他为民族民俗类、行业专题类、人物纪念类、自然科学类等。但70%的民办博物馆都不同程度涉及古董收藏。

从创办者来看，文化名人型收藏家马未都创办的观复博物馆（是我国现存最早的民办博物馆之一）、国家记忆型收藏家樊建川创办的建川博物馆聚落（是首家获得中国博物馆协会"最具创新力博物馆"称号的民办博物馆）、富豪型收藏家刘益谦创办的龙美术馆（以收藏国内外拍卖会众多封面拍品著称）、地产商人吕建中创办的大唐西市博物馆（是首家被评为国家一级博物馆的民办博物馆）代表了当前我国民办博物馆的四种发展类型。

我国对设立民办博物馆的最低门槛为：300件（套）藏品、400平方米馆舍、50万元运营经费、6名专职人员。根据2015年的调查数据，当前我国民办博物馆平均馆舍面积为4 896平方米，每馆平均从业人员15人，平均每馆藏品数为21 394件套，平均每馆拥有财务资产3 187万元。这表明，民办博物馆的平均规模已远超过最低门槛，同时与国有博物馆相比，绝大多数民办博物馆还属于中型馆和小型馆。但也有例外，比如规模最大的四川建川博物馆，建筑面积超过10万平方米，其藏品数量更高达800万件（套），不仅为民办博物馆中的"航空母舰"，而且在全国博物馆界乃至国际博物馆界也居于前列。

我国国有博物馆历来多以收藏历史文物和考古出土物为正宗，

而且在收藏当代艺术品方面也存在意识形态上的顾虑，藏品范围比较狭窄，同时国家法律又禁止私人拥有和购买出土文物，因此新兴的民办博物馆群体把收藏对象集中在近现代及当代艺术品、民俗文物、民间工艺品、动物标本、家具、老相机、微雕、奇石等领域。过去40年很多这些物件尚未进入国有博物馆的收藏法眼，又在我国经济社会快速发展的背景下大量流失、消亡，幸亏私人收藏家和民办博物馆及时介入。这一方面极大丰富了我国博物馆藏品的概念，另一方面也填补了传统博物馆类型上的许多空白。可以说，如果没有民办博物馆，我国博物馆界在近现代文物、民族民俗文物、现当代艺术品等方面有可能形成收藏断层。这是民办博物馆的特殊作用和贡献。

比如，从2003年起，樊建川历时十几年、耗资几十亿元，建成50余座各种主题的展馆，形成建川博物馆聚落，其中多座主题馆都具有时代开创性，抢救保护了大批承载国家记忆的珍贵物证。2007年樊建川正式预立遗嘱，将专业估值近100亿元的建川博物馆聚落及藏品在其身后无偿捐赠给成都市。笔者希望这一意愿将来实现后

成都华希昆虫博物馆内景

仍能通过理事会模式继续维持其民办性质和特点，而不是简单转变为一个国有博物馆，以便为我国众多民办博物馆蹚出一条符合自身特点的可持续发展道路。

从专业化水平来看，当前民办博物馆呈现两极分化的态势。一方面，有大唐西市博物馆、建川博物馆和成都华希昆虫博物馆等12家龙头民办博物馆被评定为国家三级以上博物馆，即其综合实力超过了大多数国有博物馆，另一方面，与国有博物馆相比，绝大多数民办博物馆还存在一些共性问题，主要有：管理不规范、专业基础工作薄弱、人才匮乏、涉嫌违法买卖出土文物、重建馆轻运营等。例如，竟然有1/3的民办博物馆尚未建立起基本的藏品登记管理制度，以收藏文物、艺术品为主的民办博物馆涉嫌违法买卖出土文物或赝品比例畸高，陈列展览普遍数量少、质量低，近30%的民办博物馆

宁波华茂美术馆

北京励志堂科举匾额博物馆

经费入不敷出、濒临倒闭。

近年来，各级政府对民办博物馆的发展给予了直接的引导和扶持，为其发展营造了良好的条件。2010年国家文物局等7部局联合发布了《关于促进民办博物馆发展的意见》，随后宁波、成都、西安、海口、武汉、苏州、厦门、北京市朝阳区、上海、重庆、浙江、湖南等省市区各级政府纷纷出台了支持当地民办博物馆发展的专项政策，从建馆用地、办馆场地、开办经费、运营补助、购买服务、考核奖励等方面对民办博物馆给予支持，上述每个城市每年对民办博物馆"以奖代补"的经费达1 000万至3 000万元不等。2013年财政部和国家文物局还从免费开放经费中列支1亿元专门用于奖励免费开放的民办博物馆。近年又陆续出台了若干利好政策。一些具有品牌效应的民办博物馆也借助有利条件在不同城市开办分馆，形成连锁模式，比如观复博物馆、建川博物馆、龙美术馆、奥林匹克博物馆等，不过现行《民办非企业单位登记管理暂行条例》对此并不支持。

国家文物局还采取措施大力提升民办博物馆的专业水平：2009年、2010年先后在北京和成都召开了全国民办博物馆工作会议，沟通信息、听取意见、交流经验；从2011年开始连续7年在成都、宁波、西安、无锡、赤峰、济南、西安举办了全国民办博物馆馆长培训班，目标是争取使每一家民办博物馆都至少有一名馆领导接受过博物馆专业培训；2011年至2012年开展了国有博物馆对口帮扶民办博物馆的试点，并在全国推广这种实践证明行之有效、立竿见影的模式，取得了良好效果。

但是，当前民办博物馆存在的最大问题是藏品权属不清。从法理上说，只要是公共博物馆，其藏品均应属于社会公有，即使承认民办博物馆的特殊性，其藏品也至少应属于博物馆法人所有；但当前实际上无论是创办人、社会公众还是主管部门，往往默认民办博物馆藏品仍属于博物馆创办者私人所有，将民办博物馆视为与私人收藏馆同等性质。据2015年调查，3/4的民办博物馆的法人财产权尚未与创办者的私人财产权区分开，即大多数民办博物馆尚未完成从私人收藏到民办博物馆的转变。除了对博物馆性质的认识不够到位，还有一个重要原因是国家法律关于公益捐赠可减免税的政策在现实中并未落实，私人收藏家们普遍不愿将藏品捐给博物馆，而宁愿利用政府对民办博物馆的优惠政策及其"漏洞"自行办馆，从而造成收藏规模小、藏品分散、权属不清的现状，甚至有一些别有用心者与地方腐败官员勾结，打着"博物馆"旗号玩圈地、套现游戏。这些问题和现象最终导致当前我国民办博物馆存在较大泡沫和潜在风险。

从博物馆事业发展需要考虑，应该而且能够在民办博物馆领域大力推行以理事会为核心的法人治理结构，可由博物馆创办者或其代表、政府主管部门代表、热心博物馆事业的社会人士组成，馆长由理事会任命并对理事会负责。具体实施过程中，一开始可充分保障创办者及其家族的权益（比如创办者担任终身馆长、家族在理事会中占据适当数量席位），然后逐步扩大民办博物馆的社会化程度（增加社会理事席位比例，拥有国有资产或享受政府固定补助的民办博物馆在其理事会中应有官方理事代表），最终推动我国民办博物馆走上社会化、可持续健康发展之路。

此外，全国还有大约2 000家自称"博物馆"但未在文物主管部门备案注册的私人收藏甚至古玩商店，它们的鱼目混珠给管理部门和社会公众都造成了较大困扰。文物主管部门可借鉴工商管理部门给企业颁发营业执照的模式，对经备案注册的博物馆授予牌证，以体现其规范合法性，既方便民众辨别，又有利于日常监管。

第三章 藏品之于博物馆：珍贵财产、存在基础与研究对象

　　博物馆，虽然从理念和形态上属于舶来品，而且引入之初名称繁杂不一，但我国最终将其统一定名为"博物馆"，反映了中国人对其性质和特点的共识。博物馆既然是以"物"得名，从根本上说，自然就应该"以物为本"。

　　我国作为世界文明古国，祖先创造和遗留下来浩如烟海的文物、古迹，是中华悠久历史和灿烂文化的实物证据。国人历来"雅好博古"，夏商周的宗庙、秦汉唐宋的台阁、元明清的馆库代表着国家的收藏，此外民间也多"博物君子"。这种传统使我国天生具备成为博物馆大国的优良条件。

　　虽然美国艺术博物馆协会将没有收藏但主要致力于展览的非营

利机构也视为博物馆，我国也有虽自身无藏品但举办了一系列高质量展览的北京世纪坛世界艺术馆，但对全球绝大多数博物馆来说，藏品是一切工作的基础，也是博物馆区别于其他机构的最主要特征之一。

文物藏品是真正的第一手历史材料，是古代文明的载体，是联系我们和古人的直接纽带，一般来说比文献史料更为直接可靠。正因如此，美国学生将博物馆评为最值得信赖的信息来源（超过教科书、媒体）。当然文物藏品也有局限，一是遗存零散，必须汇集才能得窥全貌；二是内涵不语，需要深入研究才能正确解读。

藏品特别是文物藏品，通常具有历史、艺术、文化、社会、情感、科技和经济等方面的多元价值。

其中历史价值往往最为凸显，除了用以保存和传播文物所属国家与民族的历史文化，在国际领土乃至文化争端中各方也经常用相关文物来佐证己方立场和观点。十几年前一度闹得沸沸扬扬的中韩印刷术发明权之争，韩国之所以敢与我国"争权夺利"，就是因为虽然我国的相关文献记载是最早的，但迄今在我国境内发现的印刷文物却时代稍晚。目前学界比较公认的最早雕版印刷实物是1966年在韩国庆州佛国寺释迦塔发现有武则天造字的汉文雕版《无垢净光大陀罗尼经》，而存世最早的金属活字印刷实物是现存法国国家图书馆的尾题宣光七年于韩国清州兴德寺铸印的汉文金属活字印本《白云和尚抄录佛祖直指心体要节》。当然韩国的底气其实是错把"礼失而求诸野"的余礼尚存之"野"代替礼崩乐坏之"国"作为礼的发明之地了。

在文物的诸多价值中，国内博物馆界长期以来唯独忌谈文物的经济价值，据说是担心承认其经济价值会助长文物盗掘走私之风。但在文物市场正常存在和文物保险索赔经常发生的情况下，这种态度无异于视而不见、充耳不闻的鸵鸟政策,也严重制约了国内去建立必要、客观、规范、全面的文物价值评估体系,这也是当前文物的鉴定和交易市场"乱象丛生"、专家公信力受到普遍质疑和损害的重要原因。而且由于没有适当的价值(价格)评估机制,当前我国博物馆按照财政部门要求,在给未经市场流通的海量文物藏品登录资产账时,只能每件文物均按一元人民币的象征价格记账,既严重低估文物的资产价值,又在文物万一受损定责索赔时存在巨大的法律隐患。我国文物主管部门急需在政策和管理层面正视文物的经济价值,并借鉴欧美成熟的艺术品评估体系,大力引导和推动建立我国的文物价值(直接体现为经济价值)第三方评估机制,包括评估标准、评估程序、评估资质等。

厦门文物商店

上海自贸区
艺术品保税库

文物所具有的情感价值也是常常被忽视而缺乏研究的要素。不少文物就是由于对特定个人或族群或国家具有特殊情感价值而获得了远远超越其普世价值的"附加价值"。比如一块普通的旧手表，对一般人来说只是一个老物件，也许最多愿意花几十元钱购买，而对某个人来说，这是他祖父曾使用过的纪念物，可能就愿意花几百元甚至更多钱购回珍藏。又如圆明园流失的十二生肖兽首之所以屡屡在国外拍卖中被炒作以天价成交，就是因为卖方充分利用了它们在中国人心目中的特殊情感价值，即认为它们代表国家过去的屈辱历史，将这些"国宝"不惜代价回购被视为扬眉吐气的爱国行为。从某种意义上说，众多文物其实都具有情感价值，它是文物价值的基本构成要素，有时候甚至是主要构成要素。

我国现行文物保护法及其实施条例虽然已经赋予文物市场交易与私人收藏文物的合法性，但又人为地把文物市场仅仅限定为文物商店和文物拍卖企业，而把普通民众喜闻乐见的古玩旧货市场排除在文物市场之外，导致现实中存在大量无法监管的"非法"文物市场和交易行为，这也是文物市场"乱象丛生"的根源之一。

一、 中国文物与藏品概览

"文物"一词，最早见于《左传·桓公二年》，"夫德……文物以纪之"，后指一切具有历史、艺术、情感和科学等价值的古物。广义的文物概念包括可移动文物和不可移动文物，狭义的文物概念则多指可移动文物。

作为历史悠久、文化灿烂、遗存丰富的文明古国，我国当前究竟有多少文物、古迹呢？

早在1909年，风雨飘摇的清朝政府民政部就发布了《保存古迹推广办法》，将全国文物古迹分为6类，责成步军统领衙门、顺天府、各直省将军、督抚、都统等对各辖区现存文物古迹进行调查和保护。1916年，动荡不安的北洋政府也发布了《内务部为调查古物列表报部致各省长（都统）咨》，进一步把古物分为12类，要求各地调查登记各类古物的名称、时代、所在地、保存办法等等。1928年局势相对稳定后，南京国民政府内政部再次发布了《名胜古迹古物保存条例》，将文物古迹的调查和保护法制化（李守义《近代中国文物调查述评》，《中国国家博物馆馆刊》2014年12期）。民国时期，一些民间团体（如营造学社）也曾经在部分地区针对某些类型的文物古迹实施过调查。

中华人民共和国成立后，先后于20世纪50年代、80年代及21世纪初开展了3次针对不可移动文物（古遗址、古建筑、古墓葬、石窟寺、近现代代表性建筑等）的全国文物普查，其中第3次规模最大，中央和地方各级财政投入经费近15亿元，近5万名工作者、专家学者和社会志愿者参与，普查涉及国土资源、测绘、建设、交通、水利、统计、林业、人民解放军等多个系统，覆盖全国2 800多个县级普查基本单元，共登记766 722处不可移动文物。

全国可移动文物因数量极为巨大、类型十分繁杂、收藏管理分属不同系统等，国家一直未能完全掌握全国的总量、类型和分布。只是国有博物馆通过长期藏品登记建档及2001年启动、历时10年完成的"文物调查和数据库管理系统建设"项目，将全国文博系统166万件（套）馆藏三级以上珍贵文物的主要信息录入统一的数据库。故宫博物院在时任院长郑欣淼的主持下也从2003年开始，历时7年对院藏文物进行了全面清理，使故宫博物院在本次清理前大约120万件（套）的文物藏品数据上升到1 807 558件（套），其中包括新发现文物、从资料和参考品中认定升级的文物等，故宫博物院还率先在全国博物馆界向社会公开了大部分文物藏品的基本信息。

2010年5月18日,时任国家文物局局长单霁翔、中国文物信息咨询中心主任游庆桥和笔者在广州参加"国际博物馆日"全国主会场活动时,酝酿、动议开展全国可移动文物普查,随后分别研究、宣传、上报,2011年选择北京市、陕西省、军队系统启动试点,2012年由国务院正式发文在全国开展第一次全国可移动文物普查。普查涵盖了党政机关、事业单位、国有企业、军警系统等四大类型的102万家国有单位,覆盖国民经济19个行业和领域。截止到2016年10月,普查数据采集基本结束,共汇集各类可移动文物64 073 178件(不含档案系统收录的81 544 000件文献档案),每件文物采集的信息包含14个基本指标项及文物照片若干张。(《第一次全国可移动文物普查数据公报》)

在采集的可移动文物总数中,有41 963 657件文物收藏在博物馆和纪念馆内,这两种机构成为文物收藏主体力量,对藏品的管理也最为规范;而从入藏时间看,其中超过67%都是1977年以后即改革开放以来通过各种方式入藏的。在馆藏文物中,已定级的三级

可移动文物普查账物核对

第三章 | 063
藏品之于博物馆：珍贵财产、存在基础与研究对象

可移动文物普查文物测量

可移动文物普查图像拍摄

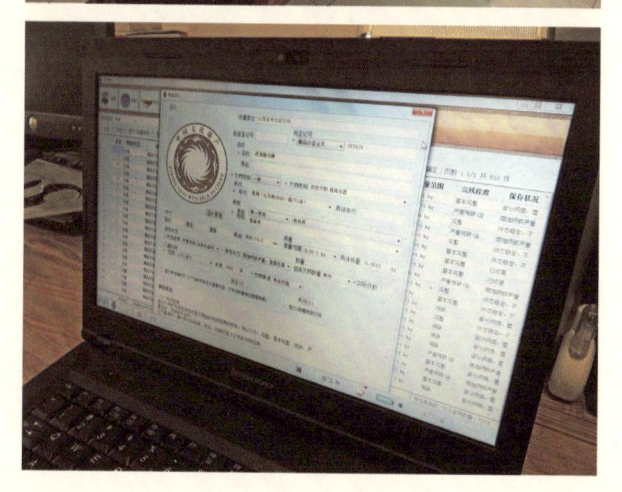

可移动文物普查数据登录

以上珍贵文物有 3 856 268 件,其中已定级的一级文物为 218 911 件(未经国家文物局认定)。

目前可移动文物中以一级文物为最高等级,个别博物馆自定"一级甲等"称为国宝级,而日、韩等国及我国台湾地区则确有"国宝"一说,我国民间亦常对各种"国宝"津津乐道,因此国家有关部门似可考虑从一级可移动文物和全国重点文物保护单位及国家级非物质文化遗产等类别中正式择优命名一批"国宝"。

在上述可移动文物中,1911 年以后的文物(其中"革命文物"占较大比例)12 868 867 件,占我国上下几千年可移动文物总数的 20% 以上,这固然是由于近现代文物遗存众多便于征集,有其合理性,另外也是有关部门高度重视的结果,但在征集、入藏的对象、程序和标准方面有时不够严谨。

至此,除民办博物馆和私人收藏的可移动文物尚无准确数据(数

为了明天而收藏今天

量绝非社会上一些人宣称的所谓"十倍于馆藏文物",质量更是良莠不齐)外,我国文物古迹的主要家底基本摸清。

近年受欧美博物馆界"为了明天而收藏今天"理念的影响,也是在当前我国涌现大量新建博物馆的背景下,国家文物局启动了"经济社会发展物证征藏工作",鼓励各博物馆将1949年以后乃至改革开放以来能够反映社会经济发展的纪念性物品纳入藏品征集范围。

目前我国将可移动文物根据质地、功能、工艺综合划分为35个类别,有玉石器、宝石、陶器、瓷器、铜器、金银器、铁器、其他金属器、漆器、雕塑、造像、石器、石刻、砖瓦、书法、绘画、文具、甲骨、玺印、符牌、钱币、牙骨角器、竹木雕、家具、珐琅器、织绣、古籍善本、碑帖拓本、武器、邮品、文件、宣传品、档案文书、名人遗物、玻璃器、乐器、法器、皮革、音像制品、票据、交通、运输工具、度量衡器、标本、化石、其他。

如此数量巨大、类型丰富、状态复杂的文物,其收藏和保护的难度也很大。

由于文物自身材质、所处环境、传承经历和人为因素等方面的影响,各类文物都存在着不同程度的腐蚀、老化、病害等问题。国家文物局2002—2005年组织对2 803家博物馆、考古所的1 470余万件(组)馆藏文物进行了大样本专项调查,发现其中50.66%的馆藏文物存在不同程度的腐蚀损害,其中处于濒危状态的文物有29.5万件(组),处于重度病害的有213万件(组),中度病害的有501.7万件(组)。据有人粗略测算,全国馆藏文物每年因腐蚀病害造成的经济损失约达122亿元,占当时馆藏文物经济总量的1.5‰。即如果不采取措施,我国现存馆藏文化遗产在不到1 000年的时间内将全部消亡殆尽。不论这种估值是否合理,其揭示的现状和趋势值得警醒。虽然任何物质最终都逃脱不了消亡的命运,但我们的职责就是尽可能使其延年益寿。

我国最有代表性的文物类别中，以承载"国之大事，在祀与戎"职能的青铜器为主的金属文物（铜器虽只占文物总数不到4%，却占到珍贵文物的11%），重度以上腐蚀率为16.62%；作为纸和丝绸的发明之国所遗留下来的纸质文物（分别占文物总数的34%和珍贵文物的23%）和纺织类文物（在文物总数和珍贵文物中分别占比1.2%和1.5%），重度以上腐蚀率分别为19.16%和20.83%；而8 000年前就出现在跨湖桥遗址中的漆器与竹木器（合并占文物总数的1.1%和珍贵文物的3.3%）的重度以上腐蚀率更达48.68%；在西洋成为中国代称的陶瓷类文物

某基层博物馆库房

建川博物馆库房

（占文物总数的 7.3% 和珍贵文物数量的 20.3%）和在我国相对受到忽视的石质文物（在文物总数和珍贵文物中分别占比 1.6% 和 3%），也都广受自然因素侵害。

国家级和省级博物馆在文物保护方面的主要困难是，文物藏品数量大、文物本体材质杂、文物等级珍贵；而市县级基层博物馆和民办博物馆在文物保护方面的主要问题是，藏品保护条件差、难以得到经费支持、缺少专业人才。

因此，国家从"十一五"开始，明显加大了对馆藏文物抢救、保护的经费投入，特别是"十二五"和"十三五"期间，经费翻了几番，支持范围从馆藏一级文物扩大到馆藏三级以上珍贵文物和重要考古出土文物。通过自主攻关和国际合作，在壁画保护（以敦煌研究院为代表）、陶质彩绘文物保护（以秦始皇帝陵博物院为代表）、漆木器保护（以荆州博物馆为代表）等领域有了重大突破，纸质文物保护（以南京博物院为代表）、丝绸文物保护（以中国丝绸博物

修复壁画

修复青铜器

修复石质文物

秦始皇陵铜车马

馆为代表）和金属文物保护（以中国国家博物馆为代表）状况也有明显改善，基本建立起了覆盖全国的文物保护体系。文物保护装备研发和专用技术水平提升也得到推进，在全国文物保护标委会之下设立了文保技术装备分委会及相关协作平台，秦始皇陵一号铜车马保护修复、秦俑彩绘保护技术研究、考古现场保护移动实验室等成果还获得了国家科技进步二等奖。据第一次全国可移动文物普查数据显示，需要修复的文物比例已下降到41%，而且这是在近年不断出土考古文物、博物馆新入藏大量急需修复文物的背景下取得的成效，可以说初步扭转了馆藏文物受损状况持续恶化的趋势。

上海视觉艺术学院文物修复课

但是，由于长期忽视对文物保护专业人才的培养以及现有人员待遇不尽合理，文物保护领域出现了人才断层（20年前国家文物局曾倡导以"师承制"方式培养文物保护人才，但可惜浅尝辄止），全国文博系统现有文物保护修复专业人员按宽口径统计也仅几千人，面对巨大的文物保护需求犹如杯水车薪。所幸各方近年来亡羊补牢，通过多种途径加大对文保人才的培养和引进，有望在不久的将来彻底改变不利局面。

近年来社会公众对文物保护工作越来越关注，比如"全国石质文物保护一号工程"大足石刻千手千眼观音的修复、山西系列古建壁画的被盗失修、辽宁绥中"最美野长城"被抹平等案例，都引起社会舆论的广泛围观、追捧或争议。近年来，在李克强总理大力倡导"工匠精神"的背景下，由社会力量摄制推出的影视片《我在故宫修文物》大获成功更是一个典型例证（相比之下，笔者多年前在故宫曾策划拍摄《故宫绝活》，仅着眼于"绝活"本身且形式过于呆板）。我国文物主管部门和一些博物馆也越来越重视向公众展示、宣传自己的文物保护工作成效，比如国家文物局（依托首都博物馆

当代中国博物馆

修复大足石刻千手千眼观音像

广东海上丝绸之路博物馆
出水文物修复室

和浙江省博物馆）、陕西历史博物馆、秦始皇帝陵博物院、故宫博物院等都举办过文物保护专题展览。部分博物馆还借鉴国外有些博物馆的模式将文物保护实验室以适当方式向观众开放，让观众对博物馆的幕后工作有所了解，产生了良好的社会效应。但是这种做法也要注意尽量避免观众参观对文物保护工作正常秩序和环境条件的影响和干扰。

中国的文物保护工作，长期以来得到过苏联、波兰、日本、美国、意大利、德国、加拿大等外国机构与个人的热忱帮助和大力支持，在人才培养、资金赞助、理念提升、技术攻关、合作保护等方面受益良多。近年来我国也开始力所能及地帮助柬埔寨、蒙古、缅甸等国开展文物保护工作，正在由文物保护受援国转变为文物保护援外国。

文物通常历经沧桑，现状大都十分脆弱，因此对保存和展示条件要求较高。虽然大多数文物藏品都适用于20℃左右的温度和50%左右的湿度，但是具体到不同材质和类型的文物藏品，其最佳保存环境的温度和湿度还是有较大差别的。比如彩色胶卷的保存温度就应低于5℃，很多刚出土的文物适宜在高湿度环境甚至直接在水里保存，而金属文物、石质文物适合在较低湿度比如45%以下保存。

由于博物馆建设通常采用"交钥匙工程"模式，博物馆作为使用方缺少足够的发言权，还有许多博物馆如行政机关一样流行长官意志和"拍脑袋"决策方式，加上工期拖延、预算缩水等方面的原因，包括一些著名博物馆在内，设计建设现代化文物库房时，都曾对各种不同材质文物的库房采用统一的温湿度控制系统，启用后在实践中发现问题才不得不又花费很大成本重新改造，既耗时又浪费。

而且我国部分博物馆一度盲目照搬欧美部分以展示油画和雕塑为主的"裸展"型展厅的做法，把整个展厅设计成恒温恒湿的空间，但由于建筑结构不同、观众时进时出，恒温恒湿成为"不可能完成

当代中国博物馆

后母戊铜鼎

铜奔马

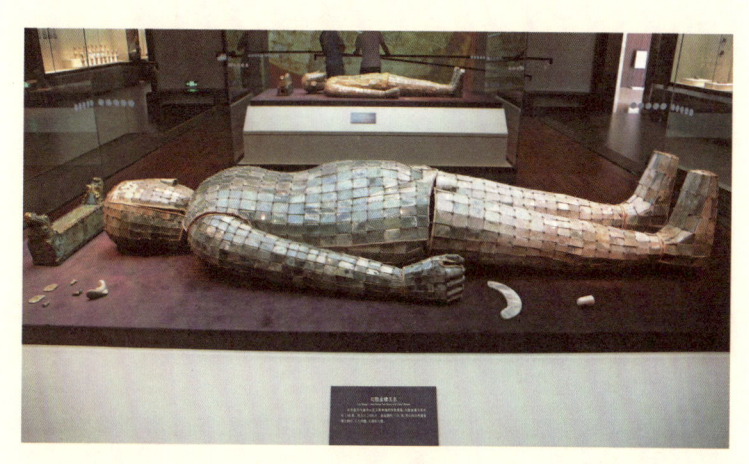

第三章　藏品之于博物馆：珍贵财产、存在基础与研究对象

刘胜夫妇金缕玉衣

贾湖骨笛

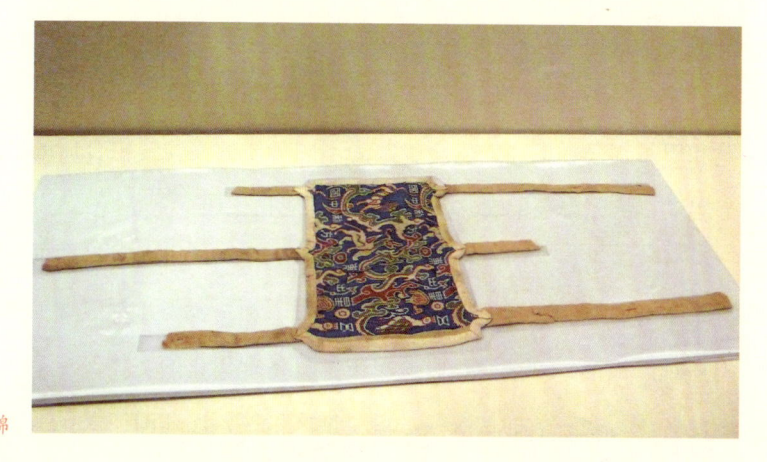

五星出东方织锦

的任务"。其实我国博物馆大多是展柜式陈列，应该采用更容易实现的展柜内恒温恒湿即微环境控制，而在展厅只需考虑满足观众参观的舒适度即可。

文物修复尤其是复制技术在中国有着悠久历史和丰富经验，为传承文化遗产和传播中华文化发挥了重要作用。许多因材质寿命（如书画）或人为损毁（如战火）而消亡的文物，正是依靠复制品流传下来才让我们仍能窥见其绝世风采。

从1000年前的宋代开始，《梦溪笔谈》等古籍文献中就记载了一些文物修复和保养的方法。17世纪以后，古玩市场急剧扩大，传统文物修复技艺得到迅速发展，讲究修旧如旧、以假乱真。20世纪50年代，随着欧美文物保护理念、技术、材料的传入，中国文物保护进入了新阶段。一方面，不改变文物原状、最小干预、可辨识、可逆等原则被中国当代文物保护界奉为圭臬，另一方面，现代的科学仪器为我们"善其事"提供了利器：X光探伤仪、工业CT、超声波检测仪等可从宏观角度探知文物内部的结构、加工工艺及损伤，扫描电镜、电子探针、X荧光能谱、X衍射、激光拉曼、红外光谱、材料显微镜等可从微观角度探测文物材质的成分含量、腐蚀产物的微结构以及病变规律等，从而使文物保护更加科学、精准。针对环境因素是造成文物腐蚀损失的主要原因这一共识，近十年中国在加大对文物抢救修复的同时，兴起了预防性保护理念，即保持文物收藏和展示环境的洁净、安全，并为不同材质的文物提供合适的温度与湿度，从源头遏止或减缓文物的腐蚀老化受损。

虽然越来越多的高科技设备和手段给我们从事文物保护工作提供了十分有利的条件，但考虑到设备成本和技术人才等因素，短期内还难以保证每一个文物收藏单位都具备现代化的文物保护条件，因此一些行之有效的传统办法值得推广借鉴，比如即使仅仅把文物放在合适的囊匣甚至纸箱里就可明显减少外界温湿度变化对文物的影响。

现代数字技术的兴起，使复制文物变得既精确又便利，某种意义上使文物接近"永生"了。但是，数字化的文物永远不能真正代替文物本体，而是把文物本体信息和价值永续传承的重要手段。不过，在元宇宙时代，数字文物自身的价值也必将越来越凸显。

文物的数量尤其是质量对于其所在博物馆的地位和影响具有十分重要的决定作用。也正因如此，许多博物馆都热衷于评选"镇馆之宝"作为自己的品牌，而业内有的领导和专家却并不认可这种方式，甚至担心会因此导致博物馆与观众"两败俱伤"。其实，评选和突出镇馆之宝，是吸引观众了解和参与博物馆的有效手段，符合普通观众对博物馆的认知心理和传播规律；镇馆之宝也是体现各博物馆之间区分度的重要标志，具有重要的标识和品牌价值。比如故宫博物院以《清明上河图》和金瓯永固杯为代表的国宝群、中国国家博物馆以人面鱼纹彩陶盆和后母戊铜鼎为代表的国宝群、上海博物馆以大克鼎为代表的青铜器和玉神人为代表的玉器、辽宁省博物馆以宋代赵佶《瑞鹤图》和清代云龙人物纹转心象牙球为代表的清宫散佚文物、陕西历史博物馆以舞马衔杯纹银壶为代表的何家村唐代窖藏文物、南京博物院的战国错金银重络铜壶和明洪武釉里红带盖梅瓶、浙江省博物馆的河姆渡双凤朝阳牙雕和良渚文化玉琮王、河南博物院的贾湖骨笛和莲鹤方壶、湖南省博物馆以"非衣"帛画为代表的马王堆文物、湖北省博物馆的曾侯乙编钟、山西博物院的晋侯鸟尊、河北博物院的刘胜夫妇金缕玉衣、甘肃省博物馆的东汉铜奔马、内蒙古博物院的匈奴王冠、新疆维吾尔自治区博物馆的汉代五星出东方织锦、洛阳博物馆的夏代乳钉纹铜爵、广汉三星堆博物馆的青铜立人像、杭州博物馆的战国水晶杯、扬州博物馆的霁蓝釉白云龙纹梅瓶、建川博物馆的抗战文物和"文革"文物等等。每个博物馆的镇馆之宝数量、类型和价值不一定相同，但它们对各自博物馆都具有重要意义。

例如，2015年故宫博物院轰动一时的"石渠宝笈"特展在很大程度上其实就是故宫最著名的镇馆之宝《清明上河图》的成功：该展展期分前后两段，每段又有两个展区，排队5—6个小时的盛况仅限于前一阶段有《清明上河图》的武英殿展区（且仅限于正殿），而前一阶段有《五牛图》的武英殿展区西配殿和有《洛神赋》的延禧宫展区以及后一阶段有《列女仁智图》的武英殿展区（包括正殿）都不算拥挤。早知如此，完全可以将《清明上河图》单设一个展区，以更好地满足不同观众各取所需。

文物是不同历史时代沉淀的文明结晶，具有珍稀性，但能否成为镇馆之宝，是由多方面因素决定的，未必仅仅是因为珍稀。我国

希腊神话鎏金银瓶

战国水晶杯

一些规模较大，尤其是专业性较强的博物馆，收藏中通常都会有重复品。狭义的重复品专指同一时期制作，材质、器型、纹饰等相同的一批藏品，比如汉代五铢钱币、清朝同治大婚用瓷中的重复品等。广义的重复品有时甚至包括时代相近、材质相同、题材相似的一些作品，比如秦始皇陵兵马俑、藏传佛教造像中的同类品等。俗话说：物以稀为贵。因此，一方面，重复品在流通交易中身价通常不如同类孤品，以至于曾经传说有收藏家或古董商在收藏两件存世文物时，竟故意毁掉其中一件以使另一件成为绝世孤品的令人痛心的极端事例；另一方面，重复品在博物馆给藏品定级时往往也被等而下视之，人为地低定一级，甚至只挑选一两件登入文物账，其余则与参考品、复制品同等对待。显然，这种认识和做法是不够严谨、值得商榷的。物以稀为贵，从商品供求关系来看，一般是正确的，但也不绝对。我们知道，商品的价值大小，是由其所包含的劳动的多少来决定的。大宗商品的单位劳动含量一般较少，自然其经济价值通常较低。而且商品可以源源不断生产出来，因此其单位价值更趋于降低。

许多文物原本是商品，在商品成为文物之前，是适用于上述原理的。但是，当商品成为文物之后，通常意味着脱离了生产和流通领域，其性质发生根本改变，价值判断标准也随之出现重大变化。判断一件商品的价值，一般从使用或实用的功能角度来看，它是可替代、可再生的；而判断一件文物的价值是从它本身具有的历史、艺术、科学、情感等价值来衡量，它则是不可替代、不可再生的。只有当文物偶尔作为特殊商品进入流通交易领域（比如拍卖），或被视为资产计算价值（比如保险估价）时，物以稀为贵的原理才又若隐若现地发挥一定作用。

文物中的重复品通常并非近现代工业化流水线生产出来的批量商品，而是人工逐件生产、制造的，严格来说，每一件都具有独特的创造性，没有两件完全一样。由于文物一般已脱离了生产和流通领域，其价值会随着历史方面的时间推移、艺术方面的体验沉淀和科学方面的认知加深等等而增加。

而且，对某些文物来说，数量多未必一定质量差。比如当初为帝王专造的宫廷艺术品乃至日用品，制作时常常不计成本，入宫后又保存有方，故往往量大而质精。不能先入为主地认为凡是重复品质量就不佳。

即使考虑数量，也应从全国乃至全世界的存世量来考虑，而不应仅仅看其在某一博物馆的收藏量。否则就会出现这样的咄咄怪事：同样的藏品，在一家博物馆（只藏有一件）被定为国家一级文物，而在另一家（拥有多件重复品）被定为国家三级文物。因此，重复品是"多胞胎"性质，而不应分主次或真赝，每一件的价值应该是相同的。当然也需要考虑另一种情况：比如一对"双胞胎"文物，其中一件一直收藏在故宫，被定为二级文物；另一件被溥仪出宫时携出后辗转被一家地方博物馆收藏，定为一级文物，这种情况则应属正常合理，因为后者在流传过程中附加了新的历史信息，故而价值得以提升。

文物孤品的珍稀性和特异性固然具有重大研究价值，但是从历史、文化、艺术、情感和科学角度来看，往往因其为孤证而难以为据；相反，重复品才能在研究中更准确、全面地反映其所代表的相关价值。重复品能更好地反映某种工艺技术的成熟水平和普及程度，比如大批量的同类瓷器，正是当时瓷器生产技术高度发达的证明；重复品能更好地反映某些特殊的等级制度或社会观念，比如天子陪葬的九鼎八簋制度、皇帝出巡的卤簿仪仗制度都需要相应的成套重复品来体现；甚至只有重复品才能更好地反映某种特殊的审美感受，如果秦始皇陵兵马俑只有几件存世，还会被誉为"世界第八大奇迹"吗？！

问题的关键显然不在于是孤品还是重复品，而在于它的历史、艺术和科学等价值的含量高低。只有充分认识重复品在历史、艺术和科学等方面的综合价值，才有利于我们全面保护文化遗产。因此，对重复品应该具体分析，在计件、登账、定级、保管、使用方面应有新思路。而对于并非珍贵文物的一般馆藏重复品，也可以考虑有条件允许其适当流通（划拨、交换甚至出售），以更好地体现其价值，发挥其作用。

二、文物收藏的宜与忌

从文化伦理的角度来说，文物与其原生环境和文化背景是不可分的，因此文物应尽可能在其原生地保存、展出，这有利于全面、准确地阐释、解读其内涵。

过去，一方面由于权力高度集中的机制作用，另一方面也因基层条件太差，我国的文物分布模式表现为全国文物精品向首都集中、各省文物精品向省会集中的局面，博物馆的藏品实力因此呈现干强枝弱的态势，基础极不均衡，也不利于发挥文物在促进原生地经济社会协调发展方面的积极作用。今后，在文物的保存、展示方面，尤其是东部发达地区，似应尽量按照"原址保护"原则，首先支持并帮助实现原生地的诉求，逐步改变迄今文物资源过于向上集中的状态，变"锦上添花"为"雪中送炭"的模式。国家级博物馆和省级博物馆可以而且应该更多地发挥全国或各省的"序厅"功能。

不同博物馆的收藏领域和范围应该根据其宗旨和使命适当界定，以免过于宽泛、大而不当，从而有利于形成特色和优势；但也不宜人为绝对地划分，因为馆藏的形成也会受到博物馆的品牌、收藏机遇、捐赠人的意愿等因素影响，往往是一个自然历史过程。

接受捐赠本是博物馆既正常也更正确的藏品来源途径，比如阿什莫林博物馆、不列颠博物院（又译大英博物馆）等世界上最早的一批公共博物馆即是依靠收藏家捐赠藏品建立起来的，大名鼎鼎的美国纽约大都会艺术博物馆现有的数百万藏品中，85%以上都来自捐赠。当然也有个别例外：美国的金贝尔艺术博物馆就号称不接受任何捐赠而宁愿依托自身雄厚的财力一件一件购买藏品。

我国国有博物馆由于体制因素，藏品主要来源于行政调拨或者花钱征集，当然也有部分博物馆拥有捐赠来源（包括在特殊历史时期的被动捐赠），比如故宫博物院（专门建立了"景仁榜"以示表彰）、中国国家博物馆（举办过捐赠藏品展）及各大省级和部分市县级博物馆。但是据第一次全国可移动文物普查统计，我国现有的 4 000 万件馆藏文物中，1949 年以后来源于捐赠的比例不超过 7%。上海博物馆可以说在这方面做得最好，一是捐赠长期持续不断，二是捐赠来源兼及海内外，三是与捐赠者普遍维持良好关系，四是接受捐赠

第三章 | 081
藏品之于博物馆：珍贵财产、存在基础与研究对象

山东博物馆贝林捐赠
野生动物展厅

上海自然博物馆展厅

深圳博物馆的贝林商店

时坚持专业水准。近年来，我国有山东、上海、重庆、深圳等地约20家博物馆获得美国慈善家肯尼斯·贝林（Kenneth E. Behring）捐赠的大量野生动物标本，为其建立专馆并开设贝林商店作为回报，也不失为有效做法。

但是，捐赠的情形也各不相同，有时会遇到比较特殊的情况。

当今一些多才多艺的领导人喜欢与工艺美术大师合作创作艺术品和工艺品，并主动示意或在好事者撺掇下将作品捐赠给著名国有博物馆收藏，以求与古典大师的作品同堂展示并永传后世。这种捐赠即使是在官本位的当下也可能致博物馆于尴尬境地，而相关博物馆对此态度不一，有的婉拒，有的笑纳。德才俱佳的孙某先生对此有妙评：这就犹如谱诗一首"床前明月光，疑似地上霜，晚上睡不着，白天睡得香"，然后署名李白、孙某合作。

不同的博物馆固然有不同的收藏领域和标准，但是所有博物馆在收藏方面也应有共同的底线。国际博物馆协会出台的博物馆职业伦理道德的第一个准则就是关于藏品征集领域的。对博物馆而言，最忌讳收藏"以假充真"的文物和"来源不明或来源不合法"的文物。而当前我国博物馆持续高速发展，收藏领域最突出的问题也体现在这两方面。

对后一方面来说，根据国际博物馆协会收藏伦理，博物馆征集藏品时应注重审查其来源的合法性，尽到"审慎义务"，不应接受来源不明或来源不合法的藏品，更不能"趁火打劫"获取战乱国家及地区的文物。这是鉴于人类社会千百年来弱肉强食、不择手段的"丛林法则"所导致的惨痛教训，1899年《海牙公约》、1907年《海牙公约》、1954年《关于武装冲突情况下保护文化财产的公约》、1970年《关于禁止和防止非法进出口文化财产和非法转让其所有权的方法的公约》、1995年《关于被盗或非法出口文物的公约》、

建川博物馆展品

2009年《保护水下文化遗产公约》等国际规则逐步确立并反复重申了现代文明社会共识。2015年联合国教科文组织通过的《博物馆建议书》及该机构2016年在我国深圳召开的"国际博物馆高级别论坛"仍重点聚焦这方面问题。

  在文物盗掘走私十分严重的现实情形下，我国不少博物馆出于抢救文物、防止流失的初衷，主动或被动地收藏了不少涉嫌非法盗掘出土的文物。文物主管部门一般对国有博物馆的类似行为予以默认，而对民办博物馆涉嫌非法出土文物的藏品，则因担心替违法行为庇护和助长盗掘之风，目前大都不予登记，致使这些文物失于监管，给民办博物馆和文物市场造成混乱。按照相关法规，这些非法出土文物应由公安部门罚没再移交给文物收藏单位，但在现实中因情况复杂又不太可行。笔者多年来一直认为应该允许把这些出土文物登记为博物馆藏品，纳入监管范围，并且不允许继续买卖，这样至少终止了非法流通之路。当然这只是特殊背景下迫不得已的做法，也不应影响将来追究非法盗掘文物者的相关责任。

  对于民办博物馆收藏某些"敏感"题材的文物，比如四川建川博物馆收藏抗战文物和"文革"文物在全国独占鳌头，并不违法，反而是履行博物馆宗旨与使命的正当行为，也弥补了我国国有博物馆、纪念馆的欠缺。许多敏感题材的原始资料大都收藏在档案系统，一方面不对公众甚至研究者开放，另一方面还有销毁某些档案的"惯例"，从历史研究角度看这是非常可惜乃至不当的。而博物馆负有保护和传承历史的职责，因此对藏品的题材内容而言，只要符合博物馆的宗旨与使命，则收藏本无禁区，展示才可能会受某些限制。建川博物馆在实践中正是以保存我国现代国家记忆为其收藏宗旨，2015年8月12日的天津大爆炸发生后，当我们都还在关注、查询爆炸真相及伤亡数据时，樊建川已尝试派人冒险深入爆炸现场征集藏品了。这些都体现了他作为一名国家记忆型收藏家和博物馆人所具备的职业敏感和专业素质。

中国长期以来都是全球主要的文物非法流失国之一，随着改革开放后的经济发展和周边国家的动荡战乱，情况开始变得更为复杂。数年前我国曾有主要拍卖行的老总私下询问能否拍卖或交易由中亚战乱国家流失到我国的文物，笔者当即明确予以劝止。但近年发现我国个别博物馆已入藏了疑似来自战乱国家的流失文物，不管初衷如何，这是有违国际公约精神的，有可能影响我国的博物馆形象，并存在将来被追索、返还的风险。

"来源不明或来源不合法"毕竟还只关涉程序是否正当的问题，而"以假充真"则严重违背了博物馆以物为本的真实性原则，是更加致命的行为。

藏品是博物馆的立馆根基，而真实性是博物馆藏品的生命，也是博物馆公信力的源泉，博物馆在征集藏品时一定要认真鉴别，使用藏品时一定要准确标注。

清朝中央政府颁赐给西藏地方管理者的金印，因为特别珍贵且携带不便，西藏管理者实际钤盖时往往是使用复制的铜印和铁印。

它们属于"形"与"影"的关系，不属于"以假充真"。

虽然我国的收藏大军号称已达数千万人之巨，但总体而言，以马未都、樊建川和刘益谦为代表的规模可观、品质上乘的私人收藏尚屈指可数。绝大多数私人收藏仍处于规模小、种类杂、质量低、赝品多的状态。

在文物市场趋冷的背景下（2011年全国艺术品拍卖成交总额为550亿元人民币，2015年则只有250亿元人民币，腰斩一半还多），一些民间收藏爱好者越来越热衷于向国有博物馆捐赠或出售藏品，这本来不是坏事，但是实际情况却比较复杂。

一方面，许多捐赠者和出售者自身专业知识欠佳，业务素养不足，难以判别收藏品的优劣甚至真伪，却不愿承认或者可能想以捐赠和出售之名来检验，更有部分人员动机不纯，利用社会关系甚至动用行政力量给博物馆施加压力，以次充好甚至以假充真，企图脱手变现，以求名利双收。例如2009年汶川大地震1周年时打着为灾区重建筹款旗号在北京人民大会堂举办的"国宝献汶川"活动，因被部分舆论揭批所谓国宝"假得离谱"而闹得沸沸扬扬，并草草收场。从此，揶揄以次充好、以假充真行为的"国宝帮"一词"名扬天下"。

另一方面，部分博物馆在利诱或行政、社会压力下，加之本身业务力量薄弱，特别是一些新建博物馆因缺少藏品而饥不择食，违背必要的程序，轻易用博物馆的社会公信力为赝品背书，以致频频"沦陷"，遭受社会非议，有失博物馆应有的伦理风范。

与部分"沦陷"的国有博物馆相比，许多以收藏文物艺术品为主的民办博物馆更是成为赝品重灾区。在2013年曝光的"冀宝斋"事件中，涉事单位收藏展示的所谓"国宝"简直到了不顾常识、在历史时代之间任意"穿越"的疯狂地步，而其居然还是国家3A级旅游景区、省级科普基地和少先队实践基地、市级爱国主义教育基地，所幸该省文物主管部门坚守专业底线，没有批准其注册为博物馆。本来博物馆收藏有赝品当属难免，即使是高水平的国有博物馆也不能保证藏品件件皆真，但是，如果在收藏中放任赝品泛滥成灾，还一意孤行以赝品充国宝，则属于办馆思想有问题，"醉翁之意不在酒"了。至于海外华人赵某某、林某某捐献其被媒体称为"骇人听闻"的"国宝"在广东多地建博物馆，更被质疑是打着爱国旗号玩圈地游戏。一些地方干部因缺乏相关专业知识，往往有意无意成为不良"收藏家"的同谋或后台。

据称，国内还存在不少专门针对所谓"土豪"的"制作—鉴定—销售"一条龙造假鉴假贩假团伙，已有大量收藏爱好者上当中招。一般来说，这类事件中的罪魁祸首，应当是故意鉴假为真的不良专家和蓄意售假充真的不法商人，而私人收藏家和民办博物馆其实绝大多数原本属于受害者，制作假文物的工匠也可能只是在传承"非物质文化遗产"而已。例如广东省蔡某某伙同造假团伙将约 8 000 件假文物卖给某民办博物馆，总案值达 5 亿元人民币，蔡某某从中获利约 1 亿元，最终案发被查。但是在受害者阵营中，除了大多数默

厦门某"艺术馆"的石质仿三星堆面具

不作声以维护面子者和极少数用法律追究骗子以维权者外，竟有相当一部分人似乎想玩"击鼓传花"游戏来转嫁损失，甚至干脆与制假、鉴假、贩假者勾结谋骗，怀着侥幸之心，走上了一条不归路。

作为"国宝帮"欺世盗名关键一环的"以假鉴真"，最初还只是体制外的伪专家唱主角，2011年中央电视台3·15晚会曝光文物鉴定领域乱象丛生时，中枪者均为社会山寨"专家"。这是因为传统政策禁止国有收藏机构介入商业鉴定领域（只允许开展义务鉴定服务），而客观上巨大的市场需求自然导致"李逵不出山，李鬼满街走"的现象。但随着供需矛盾日益尖锐，被曝光者从体制外蔓延到体制内（特别是不大受单位限制的退休人员），从一般学者到大专家，纷纷落水。故宫博物院研究员周某某在"汉代梳妆台"事件中强词夺理、国家级鉴定机构头面人物杨某某在"天价金缕玉衣"事件中欲盖弥彰，显然不是专业水平问题。那他们为何会随意鉴假为真甚至敢于鉴假为真呢？一方面是社会诚信荡然，市场规范缺失，违法成本低；另一方面是因为当前我国文物鉴定的程序不够规范，缺少公认的客观标准，过度依赖经验型的"眼学"，科技鉴定手段

安徽文博专家开展义务鉴定服务

尚不成熟，使其有机可乘。在这种情况下，不少人见钱眼开，见利忘义，主动下水，斯文扫地。

当前文物鉴定领域已经进入"战国"时代，缺少一言九鼎的公认权威，新生的收藏家和古董商专业素养先天不足，再加上社会诚信缺失、约束机制有限，传统"眼学"已不足恃。从长远来看，我国的文物鉴定必将走上科技鉴定唱主角的国际通行之路。在这方面，笔者虽积极呼吁并努力推动，但受制于传统"眼学"一家独大及科技鉴定基础数据积累不够、经验不足等因素，至今进展缓慢。

需要说明的是，我们的许多"眼学"专家是有真才实学并且在鉴定时是坚守专业伦理的，只是也有一些专家在为私人鉴定藏品时因有各种顾虑而难以实话实说，便倾向于用曲折隐晦的方式表述，这与上述故意鉴假为真甚至强词夺理者完全不同。一位已故的德高望重的老先生，每当鉴定文物认为是假的时，就说"我看不好"，语意似乎是谦虚或拿不准，实则表示"我看：不好"。笔者曾请教其为何不能直言相告，先生笑答："我这给人定为假，断人财路，那边还没到家就飞我一砖头哇。"

北京市文物专家在认真鉴定文物

几年前笔者曾向某领导分析为何难以管束体制内专家：从制约角度看，主要有个人自律、单位行政管理、行业约束、法律规范四道关卡。在没有能够一锤定音的公认权威专家和具备公信力的客观鉴定标准下，法律规范很难发挥作用；个别行业协会组织发育不良，约束力松懈甚至助纣为虐；单位行政管理主要对在职人员有效，对退休人员效果有限；这样，其实就只剩下个人操守在"万恶之源"的金钱面前接受考验了。潜在风险很小，实际收益极大，又屡见身边"下水"的人名利双收，如果是你又会如何选择？

以所谓"国宝帮"为代表的利欲熏心的投机闹剧，与好大喜功、投机取巧、浑水摸鱼、文过饰非的古代"盛世祥瑞"其实具有相同的文化基因和社会土壤。

还有另一种真伪难辨的情况则比较特殊。过去有关方面从宣传需要出发，曾对某些历史事件和历史人物片面解读，对英雄人物肆意拔高，对"反面"人物则极力丑化，一定程度上损害了官方的公信力。在多元信息时代难免导致公众产生逆反心理，进而怀疑历史、质疑英雄，这其实体现了物极必反的原理，正所谓"假作真时真亦假，无为有处有还无"。

我国部分博物馆特别是纪念馆在这方面也还有待改进。一方面，特别是在特殊年代，一些纪念馆在"一切为政治服务"的原则下以不严谨甚至不严肃的态度对待藏品的真实性问题，以假充真现象比较严重，近年来一直有老专家呼吁对相关藏品重新鉴别定级；另一方面又存在改真为假的现象，直到近年还传出某纪念馆擅自改动历史文稿的恶劣事例。宣传应当立足事实，而当事实与宣传不一致时，博物馆理当坚守自己的真实性底线。

第四章 陈列展览观众去博物馆到底看什么？

一个博物馆，通常至少应该具备收藏和展示这两大基本功能。从 1755 年约翰逊对博物馆的最早定义，到 2004 年国际博物馆协会关于博物馆的最新定义，收藏与展示一直形影不离。美国艺术博物馆协会甚至将没有收藏但其主要宗旨为致力于展览及相关活动的非营利性公共机构也视为博物馆。

一、陈列展览的功与用

陈列展览既是博物馆的主要日常业务工作，也是博物馆为观众服务的主要内容，可以说是博物馆的主要文化产品，是体现博物馆社会效益和经济效益的主要方式。

陈列展览也是博物馆综合性最强的业务工作，它能全面反映一个博物馆的藏品数量和质量、学术研究的广度和深度、展厅设施和展览策划设计和制作水平、观众接待和服务能力、文物保护科技力量、行政管理与后勤保障能力等。因此，陈列展览实际上体现着一个博物馆的综合实力。

欧美博物馆的业务负责人叫Curator（主任研究员），其职责包括管理所属藏品、策划陈列展览、进行学术研究、辅助宣教工作、协助筹款事务等，但我们却通常翻译为"策展人"，这也反映出展览在博物馆业务中的重要地位。

对于博物馆而言，陈列展览不仅能反映，而且能影响博物馆的运营状况，在欧美讲究市场化运作的社会背景下，不乏通过好展览振兴甚至救活博物馆的案例，如美国西雅图艺术博物馆就曾依靠举办比尔·盖茨收藏的达·芬奇手稿展，一举摆脱了此前观众少—收入少—裁员—展陈差—观众更少的恶性循环，开始走上良性发展道路。

在对外交往领域，陈列展览是展示不同国家历史、沟通不同民族文化的重要途径，在特殊时期或特殊地区还能发挥特殊的纽带作用。例如在中国对美国、日本的外交关系上，多次是由文物展览打破政治冷战和外交僵局，我国文物主管部门和相关博物馆为此多次受到国家领导人的肯定和外交部门的感谢。在海峡两岸交往中，文物展览更是屡屡起到破冰船的作用，成为连接两岸同胞情感的重要纽带。

文物展览在国际上早已成为"元首外交"的特殊形式，我国对此也越来越适应并运用自如。例如，1935年在伦敦举办的影响深远的"中国艺术国际展览会"即由时任中国最高领导人蒋介石与英国国王乔治五世共同担任赞助人；1999年时任国家主席江泽民与英国女王伊丽莎白二世共同出席了中国陕西省在大英博物馆举办的"金龙"展开幕式；2005年时任国家主席胡锦涛陪同英国女王伊丽莎白二世参观中国故宫博物院在英国皇家艺术学院举办的"盛世华章"展后感慨："一个好的文物外展能够起到外交家无法起到的作用。"同年时任国务院总理温家宝陪同法国总理拉法兰出席法国凡尔赛宫在故宫博物院举办的"路易十四"展开幕式。国家元首和政府首脑们不但在出国访问时经常将参观访问对方最有代表性的文化遗产和博物馆作为行程之一，借此既向对方民众表达尊重之意，也能够直观了解对方国家的历史和文化，而且越来越多地在出访地配套举办一个自己国家的展览，以此作为传播己国历史文化的重要手段。

博物馆的陈列展览有时还承载着更多更广的内涵。如2012年11月29日中共中央总书记习近平首次对公众宣示"中国梦"就选择在率领政治局常委参观中国国家博物馆的"复兴之路"展之后。

相比普通展览在民间外交中的潜移默化作用及其持久效果，"元首外交"能给展览带来类似演艺明星的轰动效应，对扩大展览的社会影响具有显著作用。

陈列与展览，通常被视为一对同义词，常常如上连用并可简称为"展陈"，在很多情况下也是可以互换使用的。但是，二者也有着明显的区别。

首先，陈列与展览存在词义上的差异。陈列，既可作名词，亦可作动词，作为名词，指陈设物的整体形态；作为动词，指布置的行为过程。展览，通常作名词，指展品的组合结果；亦可作动词，与展示同义。与展览相比，陈列更重视行为本身，隐含有步骤、方式、过程等意思；与陈列相比，展览更强调行为结果，隐含有成品、效果等语义。

其次，陈列与展览存在用法上的差异。在博物馆陈列展览体系中，"陈列"一词多用于长期的、稳定的项目，比如基本陈列、通史陈列、原状陈列、常设专馆陈列;"展览"一词多用于短期的、临时的项目,比如临时展览、特别展览、出国展览、引进展览、短期专题展览。

再次,陈列与展览存在时代上的烙印。纵观我国博物馆过去70年,大致可分为两个时代,前30年是学习苏联模式,博物馆普遍按工作职能横向分设"三部一室",即保管部、陈列部、群工部、办公室,陈列部通常同时负责展览内容与形式设计;后40年学习欧美模式,不少博物馆按藏品和展示内容改为纵向分工("一条龙"),如历史部、艺术部、古建部,陈列部也纷纷演变为单纯负责形式设计的展览部。在十几年甚至几十年一贯制的前一个时代,临时展览的数量和影响远远不及常设陈列,因此"陈列"大行其道;后一个时代,博物馆有条件也更注重举办各类临时展览来吸引观众反复走进博物馆,即使是常设陈列也不断求变求新,"展览"自然登堂入室、取而代之。

最后也是最重要的,陈列与展览存在观念上的细微差异。陈列是意义相近的两个词组成的词组,陈和列都是博物馆的行为,因此陈列可能反映了博物馆以自我为中心的意识;展览是意义关联的两个词组成的词组,展是博物馆的行为,而览则是观众的行为,因此展览某种意义上反映了博物馆面向观众需求的意识。与"展览"一

营盘男子遗骸

词相比，"陈列"一词更郑重其事，也更居高临下；而与"陈列"一词相比，"展览"一词更平等化，也更大众化。这大概也是在博物馆"观众导向"时代，陈列日益被展览所取代的重要原因吧。

陈列展览历来强调内容决定形式、形式服从内容，在特殊年代还曾经被"上纲上线"为不容置疑的政治立场问题。但近年来形式设计在实践中正占据越来越重要的位置。应该说这是符合陈列展览客观规律的，也是对过去片面强调和机械理解"内容决定形式"的矫正。

十几年前，我国博物馆举办陈列展览时，由于设施条件限制或出于安全考虑，经常使用复制品代替文物原件，陈列展览的形式设计亦相当简陋，展览制作成本也很低，那时去看一个展览其实主要是去看有哪些重要展品尤其是珍贵藏品亮相；现在的陈列展览经费投入已与那时有天壤之别，形式设计也越来越注重观赏性，一些艺术展览堪称精美，观众参观时除了关注展品本身，欣赏展览设计也成为重要内容，即展陈本身已成为艺术品。

陈列展览作为艺术作品，也适用于一般艺术规律。在艺术领域，形式并非仅仅是内容的附属品，而且还是内容的载体，许多著名的艺术作品首先是艺术形式上的成功。不少成功展览让人津津乐道，除了内容的吸引力和展品的精美，往往还有形式设计的奇妙和展示方式的新颖。

陈列展览作为文化产品，也适用于一般市场规律。市场竞争中的获胜者，即最能得到消费者认可的产品，常常并非同类中单纯质量最好的产品。对普通消费者来说，好产品还需要通过好包装来展示和烘托其内涵和品质。有时同样一个主题的展览，在不同地方能产生大不相同的社会反响，其中展示形式水平的差异是重要原因。

当然，强调形式的重要性并非意味着形式高于内容，我们也看到一些过于突出形式导致喧宾夺主的失败教训。形式与内容孰重孰轻，还应在实践中具体问题具体分析。比如面向儿童或学生的展览，或者关于专业性较强的深奥知识的展览，对展览形式的针对性要求就应该更高些，形式的分量和地位也就更突出些。

可见，在陈列展览中，内容与形式不是简单的主次问题，而是相得益彰的关系。内容与形式不是谁决定谁、谁服从谁，而是共同服务于陈列展览的主题、目的和效果。

二、当代中国博物馆的陈列展览

国家文物局把陈列展览作为推动博物馆领域全面工作的最主要抓手。从1997年起，在全国博物馆行业实施"陈列展览精品战略"，迄今共进行了19届"全国博物馆十大陈列展览精品"评选活动，发挥了积极的示范效应和导向作用，现已成为备受业内外瞩目的文化品牌。这也是中国博物馆领域延续时间最久的一项全国性评奖活动。

上海博物馆定位为中国古代艺术博物馆，率先借鉴欧美的艺术展陈模式并青出于蓝而胜于蓝，成为展示中华文明的代表性博物馆之一，也成为国内同行效仿的榜样。其依靠自身强大的策展和制作力量，屡屡推出业内外公认的精品，引领我国博物馆展览潮流。特别是上海博物馆坚守博物馆行规和自身定位，在引进外展时一贯不举办支付展费的商业展览，在国内展览方面也顶住压力坚持不举办在世艺术家作品展，深受业内外敬重。

但过去在其收藏有上海本地历史文物且同城尚无历史博物馆的情况下，相对忽略了外地或外国观众来馆时可能也有了解参观上海本地历史文物的心理预期，略显美中不足。近年举办的"上海考古大展"等本地考古主题展览可视为一种弥补。

故宫博物院国宝荟萃，拥有得天独厚的办展条件，但受古代宫

上海博物馆外展开幕式

殿建筑限制，过去相对忽视展览的深度策划和形式设计。2005年的"瑞典藏中国陶瓷展"首次在外来赞助下投巨资进行展览形式设计和制作，效果至今令人津津乐道；2011举办的"兰亭特展"，策展水平较高，且打破院内办展不从院外借展品的"惯例"，汇集了院内外众多珍贵文物，学术价值和观赏价值均属一流。

　　陈列展览本身也是艺术作品，讲究形式美，其中灯光的运用很重要，能更好地揭示文物本身蕴涵的美。而这一点过去除了上海博物馆等个别馆外，普遍被我国博物馆所忽视。为了迎接2008年北京奥运会，故宫博物院在文华殿建设新的陶瓷馆，才首次将艺术灯光全面引入展厅，特别是展柜，当时从法国请来的专业调光师工作很细致，每天只能调16件文物展品的艺术照明灯光，我方在钦佩其敬业之余也为展期临近而着急，不得不自行安排两名助手跟师学艺并现学现卖帮助加快调光进程。开馆后呈现的陶瓷艺术之美深受业内外赞叹。

不过，故宫博物院古建筑的客观条件对于举办珍贵文物展览来说先天不足，尤其是其藏品中的古代书画、宫廷服饰、明清家具等特色文物对展示环境的温度和湿度要求较高，而北京一年之中大多数时候自然条件都不能符合标准，何况近年来的酸雨、雾霾污染愈益严重，更是对文物构成威胁。虽然2005年对午门展厅进行了现代化改造，努力使其能承办高品质展览且视觉效果不错，但成本太高、难度太大，综合效能并不尽如人意，难以推广。而据调查，绝大多数观众来故宫博物院都是为了参观皇宫建筑及陈设，因此似乎应该将其陈列展览定位于依托明清宫殿建筑功能的原状陈列，同时考虑将其收藏的大

故宫陶瓷馆

量历代珍贵文物另建一座具备现代化条件的国家级博物馆来专门收藏展示。多年前即有人大代表和政协委员曾提过类似建议。

中国国家博物馆的前身中国历史博物馆和中国革命博物馆，原本都是以教科书式的古代通史和近现代通史陈列为基本特色，并曾为全国博物馆的样板。但后来在"历史与艺术并重"的原则下，实际放弃了自己已成品牌的教科书式通史陈列，改走艺术陈列之路。其本意为探索发展道路、拓展专业空间，但实践效果似有弃长取短之憾，殊为可惜。作为我国政府专门建设的以历史文物为重心的中国国家博物馆，不但有能力，更有责任举办通史陈列，而且教科书式陈列模式也有其合理性、实用性，关键在于尽量保持全面、客观、准确的展陈内容和解读立场。

当今中国国家博物馆的一大亮点，是其依托自身的优越地理位置、先进的场馆设施和国字号名牌平台，主动引进和承接举办了一系列境外来展，数量多、质量高，已成为当前国内最负盛名的外展

中国国家博物馆举办的"大英博物馆100件文物中的世界史展"

甘肃省博物馆展厅

举办和欣赏场所。

　　甘肃省博物馆近年来依托其牵头的中国博物馆协会丝绸之路博物馆专委会，在推进陆上丝绸之路、海上丝绸之路、草原丝绸之路、茶马古道等文化线路的研究和展陈方面发挥了重要作用。

　　历届"全国博物馆十大陈列展览精品"的申报及获奖项目，已经成为观察和展示我国当代博物馆陈列展览综合策划及制作水平的重要标杆，而不少博物馆由于种种原因没有申报，但与获奖的陈列展览同样具有很高水平。

　　上海博物馆的董其昌大展和系列外展、苏州博物馆的"吴门四家"系列展、故宫博物院的"兰亭特展"、陕西历史博物馆的"四连冠"项目、首都博物馆的"三连冠"、中国国家博物馆的"名馆·名家·名作"、湖南省博物馆的"凤舞九天"、中华世纪坛世界艺术馆的"秦汉—罗马文明"展、南京博物院的"南都繁会·苏韵流芳"、浙江省博

第四章 | 101
陈列展览：观众去博物馆到底看什么？

浙江省博物馆
"越地长歌"展

河南博物院
"鼎盛中华"展

南京博物院
"金色中国"展

物馆的"越地长歌"、甘肃省博物馆的"丝绸之路文明"、福建博物院的"丝路帆远"、河南博物院的"鼎盛中华"、山西博物院的"发现霸国"、广东省博物馆的"牵星过洋"等都是近年来脍炙人口的优秀展览。尤为难得的是,实力和条件相对较差的一些市县基层博物馆在陈列展览方面也常有令人眼前一亮的喜人表现,近来几乎每

吉林博物院张伯驹专馆

海南省博物馆内景

第四章　103
陈列展览：观众去博物馆到底看什么？

青海省博物馆展厅

洛阳博物馆展厅

昆明市博物馆"飞虎队文物展"　　西安博物院展厅

吐鲁番博物馆展厅

西安曲江艺术博物馆展厅

届"全国博物馆十大陈列展览精品"获奖项目中都有县级博物馆的代表。

不过，整体上看获奖展览仍主要是出自省级以上综合博物馆。当然，由于"十大陈列展览精品"是采用申报制，不少国家级、省级、市级综合馆未参评的展陈项目其实也实力不俗。相比之下，行业博物馆和民办博物馆还存在明显差距。个别行业博物馆还停留在以展示部门政绩甚至部门领导为重要内容的内部陈列馆阶段；民办博物馆则除了观复博物馆、建川博物馆、大唐西市博物馆、西安曲江艺术博物馆等少数馆之外，整体实力尚弱。

　　由于国内博物馆之间藏品资源、展陈条件不均衡，近年来以江苏省为代表，越来越多由省级文物行政部门和省级博物馆主导的省际和省内馆际展览交流不仅有助于藏品资源共享、优秀展览传播，而且对推动全国博物馆展陈水平的整体提升发挥了积极作用。

　　在对展陈工作日益重视以及观众欣赏水平明显提高的背景下，由于免费开放等相关经费的大幅增长，且有社会专业展陈公司积极参与，我国博物馆陈列展览的创新理念、形式设计和技术手段整体上都有了跨越式的发展。过去参观展览主要是去看有哪些明星展品，而现在展览设计本身也成为观众欣赏的内容，精美的艺术品与精心的陈列设计相得益彰。

　　人造场景、信息技术和多媒体的应用，不但总体上提升了展陈

重庆中国三峡博物馆川江纤夫场景

中国闽台缘博物馆

的艺术性、深化了展陈的主题、增强了展陈的感染力，而且有时能弥补某些展览实物展品相对较少的缺陷，比如中国文字博物馆、中国闽台缘博物馆的部分展览。

网上展陈（虚拟博物馆）、与展陈配套的活动（教育项目、文创产品开发），也大大延伸了陈列展览的作用和影响。

博物馆需要足够的经费支持才能正常运营，陈列展览本身也绝不是廉价的艺术作品。现在博物馆对陈列展览的投入已与20年前有天渊之别，总体来说是合理的，也显著提升了展陈的水平和效果。但是在实践中，片面强调高投入、大制作而导致浪费的现象也并不罕见。动辄几百万、上千万甚至过亿的成本有不少并未产生应有的绩效。与此相关的过度使用辅助展示手段（如场景、多媒体）也时有喧宾夺主之感。

特别是一些临时特展，成本太高，尤其是在完全免费开放的背景下，通常仅仅3个月的展期，投入却堪比基本陈列，在社会效益和经济效益方面都缺少更大的"升值"空间。应该加强通盘规划，采用网上数字展览、展品图录、学术讲座、教育活动、展览纪念品等"增值"项目，尽量延伸实体展览的生命。

博物馆无疑应该是陈列展览的主人。但是，近年来由于博物馆事业快速发展、自身专业人才匮乏、业务经费相对充裕、社会专业服务公司发达等原因，出现了博物馆在陈列展览方面过度依赖展陈公司的现象，有的博物馆甚至在展陈策划、设计与制作过程中完全当"甩手掌柜"。应该说，专业展陈公司的介入，对于博物馆弥补人才短缺、更新展陈理念、提升展陈设计制作水平等具有十分积极的作用，但是其"反客为主"则造成当前不少博物馆的陈列展览呈现高度同质化甚至博物馆自身被边缘化的趋势，这对博物馆事业的整体发展是十分不利的。有的展陈公司还将博物馆陈列展览施工视为普通的装修工程，效果自然欠佳。

成功的陈列展览除了本身品质上佳，往往离不开成功的宣传推广。2002年至2003年上海博物馆举办"晋唐宋元书画国宝展"，轰动中外，成为当年的文化盛事。除了因汇聚故宫博物院、上海博物馆和辽宁省博物馆的众多国宝而极具吸引力外，也得益于上海博物馆的筹备策划、前期宣传及配套学术活动。

2015年故宫博物院的"石渠宝笈"特展、2016年首都博物馆的"海昏侯"特展的盛况，同样得益于宣传推广。前者作为故宫博物院院庆的重头戏，经过院方和媒体的前期密集宣传，早已吊足了观众的胃口，更何况有堪称中国最著名国宝的张择端《清明上河图》压阵，难怪众人不惜排队数小时一睹风采。须知，过去故宫也曾展出过《清明上河图》，却并未引发"故宫跑"现象。首都博物馆的海昏侯展，除了考古发现本身具备的重大价值，也是得益于展览开幕前中央电视台几乎每天进行的考古发掘进度直播，如此趁热打铁举办展览焉能不火？据说某省的有关部门为确保央视持续直播投资不菲。

其实不仅陈列展览，博物馆的社会地位和公众形象也明显受到宣传、营销的态度和手法影响，尤其是在面临突发危机事件时应对方式不同效果往往差异很大。例如2011年故宫博物院在连续曝出"十重门"事件时承受的巨大负面舆论压力与2013年发生更为严重的"第十一重门"时能够化险为夷，其公众舆论反应的天壤之别除了事件发生时的社会背景和舆论引导存在一定差异外，很大程度上就在于故宫的反应态度、舆论引导、处理方式几乎截然相反，前者反应迟缓、应对被动、态度消极、置身一线，后者沟通迅速、相对主动、积极平复、退居二线（让公安部门处于一线），堪称公共关系和危机处置的典型案例。

文物展览在对外文化交流中的作用也越来越得到重视。我国出境文物展览由改革开放之初的平均每年10场次，增长到新世纪平均每年60余场次；近几年出境展览项目数量稳中略降，但出展目的地国由美、日、西欧等主要发达国家扩展至亚、非、拉、东欧等更广阔的地域。据粗略统计，迄今我国已赴50多个国家和地区举办了1 400余次（站）展览。其中秦始皇兵马俑作为最具品牌价值的展览项目，1976年以来赴大约40个国家和地区举办了100多次（站）展览，甚至出现"扎堆"现象，比如由于种种原因2017年内在美国竟同时有4个共6站兵马俑主题展览。与之相应的是，入境展览从无到有、从官到民、从低到高，呈迅猛发展之势，数量已达每年50—80项，比10年前翻了两番。

但是，值得注意的是，近年来我国与发达国家之间的展览交流出现了"倒挂"现象：出境展数量稳中有降，入境展数量翻番；出境展一流的文物、二流的价格，入境展二流的文物、一流的价格。市场的需求、经费的相对充裕及预算执行压力，使国内博物馆在中介公司推动下热衷引进商业性外展，而且对展费价格极不"敏感"，反正是财政经费买单。让我国同胞不出国门就能欣赏到国外高质量的展览本来是好事，但以商业模式举办展览有违博物馆性质，而且我国仍是发展中国家，博物馆经费总体上仍不宽裕且分布不均衡。在入境商业展览有中介公司和其他机构积极推动的情况下，通过互换展览模式或引进非营利学术展览仍应是博物馆举办外展的首选，而向外传播中华文化更应成为我国博物馆的重要职责。

在免费开放经费相对充裕的大背景下，国内博物馆之间相互借用文物举办展览也逐渐形成了支付借展费的"潜规则"，这虽然有成本及供需方面的合理性，但不太符合国际博物馆界的行规惯例，而且相互办展、相互支付（收取）展费也被个别财务专家视为有套取国家财政资金之嫌。鉴此，文物和财政主管部门不如趁此机会，推动把现行国内同行间借展的政府担保（上级主管部门审批）模式部分转变为社会基金支持下的商业保险模式。国内外博物馆之间举办展览时对展品安全是采用商业保险和政府担保两种模式。我国传统的政府主管部门审批展览属于政府担保模式（一旦展品受损可按程序申请文保专项经费修复），而国际上更通行商业保险模式（一旦展品受损就按合同定责理赔修复）。今后我国可根据不同情况（对象和项目）采取不同模式。

不但私人收藏家热衷于在国有博物馆举办藏品展，国际奢侈品公司也瞄准了博物馆作为公共文化机构的社会信誉。一些著名的奢侈品品牌纷纷在故宫博物院、中国国家博物馆、上海博物馆、四川博物院等奢侈品重要消费城市的著名博物馆举办品牌展览。在如何正确把握艺术品展示和市场营销的关系中，有的博物馆处理得比较

扬州博物馆精品陈列（扬州博物馆供图）

好，展品仅限于历史收藏珍品而不涉及当今市场销售品，而有的博物馆处理欠妥引起社会舆论非议。

　　我国历史上具有公私收藏和内部赏析传统，但缺少化私为公、与众分享的公共意识，这也许正是我国虽有博物馆滥觞却终未能发育出近代公共博物馆的原因。而当代一些收藏家热衷于在国有博物馆举办私人藏品展似乎又变了味道。比如2016年G20会议在杭州召开之际，浙江美术馆举办的"中国古代金铜佛像艺术特展"先被媒体吹捧为价值连城，并有众多名人加持，旋被有的观众质疑在先、美国专家倒戈于后，遂沦为"以赝品充国宝"的俗套。双方唇枪舌剑之余却有消息曝出这批金铜佛像已被藏家李某捐献给了普陀山佛教协会作为镇山之宝,一直苦于没有国宝级藏品的普陀山方面则给予李某数千万元奖金云云。不禁让人联想起 2010 年售价 260 万元的仿明式妆奁台在 2011 年被原样改称"汉代青黄玉龙凤纹化妆台(含坐凳)"并在不良"专家"背书炒作后拍卖了 2.2 亿元人民币的神话故事。善哉善哉!

陈列展览需要指导思想,有的属于"哲学"层面,有的属于技术层面。比如欧美博物馆的陈列展览大致可分为"密集陈列"和"精品陈列"两种模式,前者主要有英国及受其影响的国家和地区博物馆或策展人奉行,后者主要有美国及受其影响的国家和地区博物馆或策展人奉行。当然这也同时受藏品数量、展陈空间等因素影响。两种模式各有利弊。埃及国家考古博物馆的库房式陈列展示是密集陈列典型,我国扬州博物馆的"镇馆之宝"展厅是精品陈列榜样。

我国博物馆特别是纪念类博物馆曾在较长时期内受苏联影响,陈列展览片面奉行"为政治服务"、过于强调"形式服从内容"等指导思想,并将其上升到政治原则和意识形态立场的高度,对博物馆本身的性质、规律及其展陈的特点、需求不够尊重,再加上对学

大兴安岭五·六火灾纪念馆

术研究不够重视，在展陈内容的真实性、客观性方面存在一些问题，在展陈形式的艺术性、观赏性方面水平不高。近年来在这些方面有一定改观。

当代我国纪念类博物馆除了在前述体系结构方面畸重畸轻、极不平衡外，在展示内容与表现形式上也存在比较明显的问题。或者说纪念馆在坚守博物馆真实、准确、客观、全面的原则方面难度更大。

革命类纪念馆的展览同质化现象尤其严重，常常似曾相识甚至千展一面：内容上都是以教科书中的革命史或党史为框架展开宏大叙事，局部结合各自主题适当增添细节，叙述语汇一律正反相对、褒贬分明；形式上以红色为基调和主调，序厅以雕塑点题，故事转折点用场景或油画增强表现力，展线上频繁使用多媒体。

这种同质化的主要原因，是展陈公司一旦制作了一个成功展览（比如获得"全国博物馆十大陈列展览精品"奖），其后从经济效益考虑自然就乐于将其结构模式直接复制套用，以大大降低策划成本，同时又大量使用雕塑、场景、多媒体等高成本辅助展具设施以确保利润空间。此外，博物馆本身对展览研究不够，相关博物馆在革命纪念类展览上不重视策展自主权也是重要原因。

某位革命人物纪念馆的生平陈列只讲其"在中国革命和建设事业中的丰功伟绩"而完全回避其犯的重大历史错误。这就有如讲曹操的生平只讲官渡之战而不讲赤壁之战，讲关羽的生平只讲过五关斩六将而不讲走麦城，讲拿破仑的生平只讲奥斯特利茨之胜而不讲滑铁卢之败。作为生平陈列这显然是不完整的，是有意识地忽视或回避了历史人物和历史事件的复杂性。至于阉割历史甚至颠倒黑白、文过饰非就更是与实事求是的历史观及博物馆的真实性底线格格不入了。

博物馆是传播史实与理性的场所，而不是造神和祭祀的地方。

纪念类博物馆，其陈列展览应遵从博物馆的性质，着重以展示实物来陈述事实，而不应引入甚至强化带有类似祭祀性质的仪式，否则功能更接近寺观教堂而非博物馆了。

行政力量的干预也常常使纪念馆及其展览定位出现偏差。比如唐山抗震纪念馆，用了一个展厅来展示当年震惊中外的大地震，并用了八个展厅来反映震后重建的新成就。这也是现当代灾难类纪念馆的共同模式：在所谓"传播正能量"的口号下把灾难本身和灾难原因、后果、教训以及受灾民众通通弱化、淡化、虚化了，以此实现所谓"变坏事为好事"。

虽仍有不足，但现有实践及其成效证明，抓好陈列展览，是服务好社会公众、实现博物馆宗旨、推动博物馆事业全面提升的有效途径。

第五章

社会教育与公共服务：锦上添花，更应该雪中送炭

全球博物馆的根本宗旨和终极使命，是保护和传承人类社会的多元文化及其多彩环境。社会教育和公共服务是履行博物馆共同使命、实现博物馆各自宗旨的重要手段。

博物馆最核心的业务工作——陈列展览，就是博物馆社会教育和公共服务的一种重要形式。除此之外，面向公众的咨询、导览、讲解、教学、培训、讲座、演出、沙龙、互动游戏，以及为辅助、便利、保障观众游览、研究、学习、休闲、交往、娱乐、消费、安全而提供的设施、设备、服务项目等，都属于博物馆社会教育和公共服务的范畴。

国际博物馆协会关于博物馆的最新定义将"教育、研究和欣赏"确定为博物馆工作的三大目的。1990年美国博物馆协会将"教育"

和"为公共服务"确定为博物馆的两大核心要素。我国博物馆绝大多数是国有博物馆，主要依靠政府财政即纳税人的支持建立和运营，理所应当更好地为社会大众服务。

当前我国省级以上博物馆和大多数市级博物馆（尤其是新建馆）通常都具备必要的公共服务设施，如咨询、导览讲解、休憩和餐饮场所、纪念品商店、残疾人设施等。而且越来越多的博物馆在国际互联网上开设了网站或建立微博、微信专号，提供各种服务信息。

一、 免费开放的喜与忧

以博物馆为代表的公共文化机构向社会公众免费开放，堪称改革开放以来中国政府在公共文化领域最大的一项惠民政策。这一政策不仅对满足广大民众的精神文化需求、保障其基本文化权益具有十分重要的意义，也对推动当代中国博物馆事业的全面发展起到了显著作用。

从 2003 年开始，浙江和北京的部分博物馆就自行向公众免费开放了。2004 年国家文物局等 12 部局联合发文要求以博物馆为首的 7 类公益性文化设施"对学校组织的未成年人集体参观实行免票"。在此实践基础上，2007 年 9 月中央高层主管领导在视察湖北省博物馆时提出了博物馆全面免费开放的政策思路。于是，从 2008 年开始，除遗址类、古建类博物馆外，全国宣传、文化、文物部门主管的博物馆、纪念馆、爱国主义教育基地全面向社会免费开放。

这是迄今为止世界上规模最大的博物馆免费开放行动。

美国是目前世界上博物馆数量最多的国家，按宽口径统计是 17 000 家，按窄口径统计是 8 000 家，其中法定免费开放的博物馆只有史密森尼研究院系统的 16 家联邦政府所属的（国立）博物馆，主要集中在首都华盛顿的 National Mall（国家广场）周围。数量庞大的其他博物馆中有小部分（少于 1/3）为州政府、市政府和学校、协会建立的博物馆，大部分（多于 2/3）属于私立博物馆。这些博物馆大致有三种门票制度：免票、建议门票和强制门票。免票又分为完全免票和特展不免票二种；建议门票是只要支付建议数额或以下的费用均可入内参观；而即使是实行强制门票的博物馆往往也有优惠甚至免票的对象（如未成年人）或时段（如周五下午）。

再看英国，从 2001 年 12 月 1 日起，包括大英博物馆在内的英国 11 家国字号博物馆正式免费向公众开放，由政府从国家彩票基金收益中给予经费补助，但各馆的临时特展仍然售票，而且门票和文创、经营收入仍然是各馆的重要经费来源。略感奇怪的是，随后的调查评估报告说，免费开放之后观众人数只上升了 2%，即免费开放对于吸引观众意义并不大。换句话说，英国观众对于门票价格不是很敏感，想看的展览即使收费仍要看，不想看的展览即使不收费也不看。所以英国的免费开放措施似乎没有取得明显成效，当然对外国游客来说免费还是很有利的。

法国的情况更复杂一些。1793 年以中央美术博物馆之名对公众开放的卢浮宫就是免费的，这也是世界上第一个完全无差别免费开放的公共博物馆。在此之前欧洲有些国家的近代博物馆虽也免费开放，但对观众是有条件的，比如需要预约登记甚至需要具备一定资格等。不过卢浮宫到 1922 年又开始收费，直到今天。从 1996 年起，法国大约 20% 的博物馆每月至少一天（通常是每月第一个周日）向公众免费开放。2007 年 8 月，时任法国总统萨科齐推行"文化民主化"政策，指令法国文化部长研究实行博物馆免费开放政策。它的提出比我国还略早，但结果却与我国大不一样。卢浮宫、奥赛博物馆、盖布朗利博物馆、蓬皮杜艺术中心因为观众人数已经很多，所以就没有完全实行免费开放，而是每周有一个晚上 6 点到 9 点向 18 至 26

岁青年免费开放常设陈列，不含临时特展。从 2008 年 1 月起，包括吉美博物馆、罗丹艺术馆在内的具有代表性的 14 家（一说 18 家）中小博物馆（其门票平均价格为 10 欧元），试行了半年的免费开放，但是没有公开宣传，"主要目的是分析门票价格因素对于观众参观博物馆的影响程度"。据统计分析，试行免费开放的博物馆观众人数平均增长 56%，应该说成效是很明显的，而且以当地民众为主要观众群的小博物馆受益最大；但是由于"未能达到吸引新的参观群体的预期目的"（超过 3/4 的观众仍是旧面孔）、"展厅人满为患影响参观质量"（观众人数多与停留时间长有冲突）、"关于观众会将节省下的门票费用用于博物馆内其他消费的预测落空"（购票观众人均消费 34.5 欧元，而免票观众人均消费 23 欧元）等原因，法国的主管部门认为免费开放政策是失败的，免费开放政策遂无疾而终（据中国驻法国大使馆文化处调研报告及其引用的法国文化部评估报告）。

而我国的博物馆免费开放政策则在政府相关部门的主导下一举推开并迅速扩大，免费开放的博物馆数量从 2008 年的 502 家发展到 2020 年底的 5 214 家，已占全国博物馆总数的 90%，可以说符合条件的博物馆基本都免费开放了，许多不在免费开放政策范围内的博物馆（如部分遗址博物馆、行业博物馆、民办博物馆）也竞相免费开放；中央财政的免费开放专项补助资金从 2008 年的 12 亿元增长到 2011 年以后的每年 30 亿元，是中央财政在博物馆领域的最大一笔专项经费。

实行免费开放政策后，在相对充裕的资金保障下，我国博物馆的业务数据和工作质量得到全面提升：全国博物馆一年举办的陈列展览现已近 3 万个，陈列艺术水平也比过去有大幅提升和改善，过去看展览主要是去看展品，现在美轮美奂的展览形式本身也成为吸引观众的艺术作品了,部分重要博物馆的展陈数量和质量已跻身国际先进行列;全国博物馆观众人数在 2016 年一年达到约 9 亿人次,首次超过美国成为世界第一,省级博物馆的年观众人数普遍突破百万大关,比免费开放前成倍增长甚至翻两番,每逢节假日或有重要展览时排队的观众已成为博物馆门前常见的一景(不过,衡量一个博物馆或展览成功与否,观众总人数固然十分重要,而观众多次参观的"回头率"也是至少同样重要却往往被忽视的指标);全国博物馆一年举办各种社会教育和公共服务活动达 20 余万项,众多国家级和省级博物馆的社教服务数量和质量完全可以与欧美主要博物馆媲美,并且涌现出了一批具有示范意义和推广价值的品牌项目;与过去相比,我国博物馆引进的外国文物展览数量更多、质量更高,而我国赴外展览的对象国也由过去有借展意愿且能支付展费的美、日、西欧等发达国家,扩展至服从和服务于国家战略、自主自费推送展览的东欧、东南亚、南美等国家。

　　需要说明的是,由于众所周知的原因,上述有些数据很可能存在一定水分。因为曾有不止一位博物馆馆长告诉笔者,尽管博物馆每年的观众人数或展览数量并非直线上升而是有增有减的,但各级政府却要求这些数字只能逐年增长,不能降低,否则就减少经费甚至处分馆长,这样他们只好每年在前一年报的数字基础上增加 10%—20%。此外不可否认的是,博物馆行业自身也存在浮夸"政绩"的乱象,多年来笔者及同事在汇总各地统计数字时屡屡发现数据失真问题,甚至有愈演愈烈之势。以最近某年为例,十余个省区市的近百家博物馆存在数据明显失真现象,甚至有不少基层博物馆(以民办馆和行业馆为主)填报常设陈列数量过百、临时展览数量过千、教育项目数量过万、年度观众人数过百万,居然通过各级审核报了上来,汇总时因其实在太荒谬而被识破。经约谈及核查,其中既有故意浮夸虚报的现象，也有因理解偏差（如部分民办馆将"常设陈列数量"理解为"长期展出的文物数量"）而填报错误，因此文物主管部门还应加大对民办馆和行业馆等"重灾区"的专业指导。问题在于，目前对于那些处于"合理"区间的数据往往无法鉴别真伪（并非没有手段，而是难以落实），尤其是年度观众人数最难复核，一般只能予以采信，只不过对外公布时往往通过将"3.1 万"改称"近3 万"、"9.48 亿"改称"约 9 亿"等方式以起到既不直接矛盾又适度校正的作用。不过，尽管有此类现象，免费开放以后全国博物馆的陈列展览数量、教育活动数量和观众人数大幅上升乃至翻番，确属不争的事实。

显然，我国普通民众、学生群体、低收入人群是免费开放的最大受益者，尤其是低收入人群，他们过去基本不进博物馆，即使再低的门票价格也会成为阻挡他们迈进博物馆的门槛。免费开放以后，博物馆观众组成日益多元，可见免费开放政策在推动公共文化服务均等化方面起到了不可替代的作用。

另一方面，过去我国尚有数百家基层博物馆受人员编制和地方

观众参观内蒙古博物院

财力限制，只能发挥文物保管作用，最多勉强有个基本陈列，观众稀少、门可罗雀，连基本运营经费都没有保障，更难以开展社会教育活动，被称为"挂牌馆"。免费开放政策实施后这些馆获得相对固定的中央补助经费，基本能够开展正常的业务工作，焕发了活力，也属于免费开放政策的重要受益者。

在充分肯定免费开放政策取得巨大成绩的同时，也要清醒地看到，免费开放政策尚需进一步深化、完善。最主要的矛盾在于，中央财政的免费开放补助经费从2011年至今一直停留在30亿元规模，而全国免费开放博物馆数量已从当年的1 804家增长至目前的5 214家，大量博物馆在免费开放政策激励下纷纷兴建起来，建成开放后却难以享受足够的经费补助，处于进退两难的境地。其他问题还包括：观众人数的爆发性增长，既影响参观环境和效果，也给博物馆带来服务与安全上的巨大压力，一些博物馆不得不实行提前预约或免费不免票的措施来限制观众人数，这给外地观众带来了不便；"分灶吃饭"的财政体制导致免费开放经费主要来源于财政部文化口，政策也主要惠及宣传文化文物系统的博物馆，众多行业博物馆和少数比较规范的非国有博物馆都难以享受这一政策，当然中央财政和地方政府也有一些变通支持措施；免费开放政策采用"一刀切"的方式，补助标准虽有一定依据但缺乏实事求是的分类指导，在实践中存在不同类型博物馆的经费补助不平衡（纪念馆的免费开放经费普遍高于综合性博物馆）、不同地域实施不够平衡（东西部免费开放博物馆的数量和经费差异过大）、馆际补助经费核定不尽合理（有的省馆曾不到100万，有的市馆高达3 000多万）、配套政策明显滞后（绩效考评办法迟迟未出台，经营收入政策不合理）等等现象，导致这一政策产生助弱却抑强的效果，遏制了一些有条件的博物馆的自我造血机能，有些博物馆甚至重现"吃大锅饭"

现象。

　　当前，有必要从博物馆事业可持续发展的高度，认真研究深化、完善免费开放政策的思路。从文物主管部门角度看，最佳选择是打破"分灶吃饭"格局，多渠道统筹经费来源，增加免费开放经费总额，扩大免费开放经费支持范围，保持免费开放政策的可持续性。但是，免费开放政策毕竟是在我国经济形势良好、财政收入充裕的背景下由时任高层主管领导人强力主导推出的一项政策，并没有法律上的保障，而当前经济形势下行又导致财政紧缩，可以说主客观上均存在不确定性。因此，从居安思危的角度考虑，宜推动对政策略做调整，比如首先确保基层博物馆的免费开放待遇（它们缺少自我生存能力），省级以上博物馆和东部地区重要市级博物馆则核定现有补助经费基数甚至逐步适当减少补助，有条件的馆可恢复低价门票，特展门票则相对灵活定价，同时授予其开展经营服务活动及开发文化创意产品的自主权，并建立内部绩效激励机制；行业博物馆可积极建立理事会、发展志愿者和博物馆之友来扩大社会公益属性；通过建立博物馆基金、完善开发文化创意产品的配套政策、推行绩效考评来增强博物馆的自我发展能力；对部分法人治理结构成熟、日常管理规范、藏品法人财产权清晰的民办博物馆，可在完善理事会（比如增加代表国有资产权益的理事）基础上一并纳入免费开放经费支持范围，以起到示范和引领作用。

　　总之，应充分发挥免费开放政策的积极作用，结合分级分类管理和动态调控措施来提升全国博物馆的整体质量和业务水平，推动我国博物馆走上一条适合博物馆事业自身规律及特点的可持续发展道路。

二、 博物馆的社会教育与公共服务

我国博物馆可以说一直重视社会宣传，在效仿苏联博物馆的"三部一室"模式中就有宣传教育部或群众工作部，只是在很长一段时期内从内容到形式都强化宣传性而弱化教育性。20世纪90年代中期在境外举办的一次博物馆教育国际研讨会，邀请中国博物馆主管部门派代表介绍全国博物馆教育概况，我方派出的参会代表是人事培训部门负责人，发言内容也是介绍中国博物馆从业人员的学历结构及在职培训工作。这在一定程度上反映了当时国内对博物馆公共教育还缺乏必要的概念和深入的认识，博物馆的公共教育部门仍被定位为宣讲机构，大多名为"群工部""宣教部"等。随着博物馆事业的进一步发展和国际交流的更加深入，中国博物馆教育才基本回归主流形态。

改革开放以来特别是博物馆免费开放后，中国博物馆在社会教育和公共服务方面取得了巨大成绩和显著进步，国家级和省级大馆社教活动数量与质量已跻身国际先进行列；博物馆社教模式也由过去单一的居高临下、简单粗暴的灌输式宣讲，发展为丰富多彩的平等对话、互动交流形式。社会教育专业委员会成为近年来中国博物馆协会下属最活跃的专委会之一。

免费开放新形势也给博物馆社会教育和公共服务带来了新的挑战。第一，博物馆观众人数呈现爆发性增长，总体而言，全国博物馆年接待观众人数比过去翻了近四倍（由2007年的2.5亿人次到2019年的约12亿人次），这一方面意味着博物馆的社会教育和公共服务职能得到空前发挥，另一方面也意味着博物馆社会教育和公共服务工作量大幅增加。第二，博物馆的观众结构也发生了变化，不再局限于高收入、高教育程度群体，这一方面有利于更全面地实现博物馆有教无类、无差别服务的宗旨，另一方面也对博物馆社会教育和公共服务的理念、形式、手段、效果提出了更细、更高的要求。第三，社会教育和公共服务的总体格局和科技手段快速发展、日新月异，以物联网、大数据、云计算和移动通信技术为基础的智慧博物馆呼之欲出，这一方面极大地增强和延伸了社会教育和公共服务的臂膀，另一方面也对博物馆人的知识结构和专业素质提出了更高要求。

在新形势下做好博物馆社会教育工作，一是要继续转变观念。我们的社教职能部门无论是叫群工部、宣教部还是社教部，都多少带有一些居高临下、宣传灌输的特色。似有必要以更平等的视角来对待观众，从宣传、教育的角度转到学习、传播的角度。西方个别博物馆甚至把教育部改名为学习部，即主体由博物馆变成了观众。二是改变"一刀切"和"一窝蜂"模式，更加细分教育和服务对象。比如，随着观众结构的多样化、复杂化，早已不适合用同一套讲解词来对付所有观众了。应该通过持续的观众调查来了解观众需求、调整我们的服务。其中，观众投诉虽然比较尖锐但往往很有针对性，也具有重要参考价值。三是激发观众的积极性，通过科技手段和互动形式，增强观众更深更广的参与度。

2011年5月18日，国家文物局评选并表彰了全国博物馆免费开放10个最佳服务专项："最佳展示推广"为陕西历史博物馆，"最佳未成年人教育"为内蒙古博物院，"最佳讲解导览"为苏州博物馆，"最佳宣传推广"为浙江省博物馆，"最佳文化产品推广"为中国国家博物馆，"最佳旅游推广"为重庆红岩革命历史博物馆，"最佳社区文化促进"为四川博物院，"最佳网站服务"为浙江自然博物馆，"最佳管理创新"为湖南省博物馆，"最佳社会参与"为上海博物馆。

2015年，国家文物局组织的"完善博物馆青少年教育试点项目"评选和中国博物馆协会社会教育专委会组织的"中国博物馆教育项目示范案例"评选,更是对近年来我国博物馆社会教育和公共服务工作的一次全面检阅,诸如中国国家博物馆的"说文解字"、内蒙古博物院的"欢乐大课堂"、浙江自然博物馆的"绿色总动员"、西安半坡博物馆的"史前工场"、河南博物院的"音乐史诗"、湖南省博物馆的"教师沙龙"、广东省博物馆的"东张西望"、故宫博物院的"手绘龙袍"、福建博物院的"生态式艺术教育"、北京自然博物馆的"博物馆之夜"、四川博物院的"大篷车流动博物馆"、山西博物院的"时光飞船"等著名品牌项目均榜上有名。难得的是,北京励志堂科举匾额博物馆、安徽源泉徽文化民俗博物馆等民办博物馆也自觉开展各种公共教育活动,履行博物馆的社会职责。

目前国内外博物馆的一个趋势,就是用于社会教育和公共服务

湖北省博物馆编钟乐舞

福建博物院"双百"
社教活动

安徽源泉徽文化民俗博物馆的社教活动

学生参观四川建川博物馆

的空间越来越大,从事社会教育和公共服务的人员(包括志愿者)越来越多,投入到社会教育和公共服务领域的经费越来越多。当前我国有些超大规模的新建博物馆正在为如何充分利用空间、充实陈列展览而发愁,不妨考虑将"多余"空间用于社会教育和公共服务,包括必要的餐饮设施、纪念品商店及其他休闲空间。

社会公众关注和参与博物馆活动的热情日益高涨,除了观众人数逐年持续快速增长外，还有一个重要标志就是，志愿者正在成为社会教育和公共服务的一支重要力量甚至有望在部分博物馆成为主要力量，他们作为博物馆人的战友和助手，发挥着连接博物馆与社会的桥梁作用，已经给博物馆传统的社会教育和公共服务格局带来了冲击和改变。

人生是物质与精神的统一体，社会发展体现在物质与精神两个维度，人的物质追求驱动社会经济发展，而人的精神需求推动社会文明进步。志愿者现象即是社会发展的一种自我平衡和方向校正。因此，越是经济发达的国家和地区，志愿服务越成为常态。

作为"为社会及其发展服务"的"非营利公共机构"，博物馆是最应该也最能够发挥志愿者作用的领域之一。

比如作为世界第一博物馆大国的美国，博物馆志愿者总数在十多年前即已超过40万，是博物馆正式员工数量的2.5倍。志愿者每年为美国博物馆提供的服务大约可折算为2 000亿美元的经济价值。占美国博物馆总数75%的小型博物馆中，有许多馆基本上靠志愿者维持日常运营。

志愿者数量多少与博物馆有钱与否没有必然联系，即使是富可敌国的盖蒂博物馆，也为其拥有超过其全职员工两倍数量的志愿者而自豪。

除了常见的回答咨询、导览讲解外，美国博物馆的志愿者还工作在馆内商店、各部门办公室，协助进行藏品管理、展览设计、业务研究、管理图书、查询资料、宣传教育、策划项目、募捐筹款、商品销售、财务投资、法律规章等方面的工作。他们与正式员工的最大区别就是没有报酬（只享有在博物馆商店购物打折的优惠）。

相对于欧美国家，我国比较规范的博物馆志愿者服务（即不包括偶尔来博物馆"学雷锋、做好事"者）属于20世纪末才出现的新生事物。

故宫志愿者在钟表馆讲解

河南博物院志愿者讲解

　　上海博物馆于1996年率先向社会公开招募志愿者，此后陕西历史博物馆于2001年，中国历史博物馆（今中国国家博物馆前身之一）于2002年，故宫博物院于2005年也相继引入志愿者服务，博物馆志愿者队伍迅速在我国发展壮大，成为当代中国博物馆的一道亮丽风景。迄今全国博物馆中约有 1/3 可提供不同程度的志愿服务,其中超过 200 家博物馆拥有相对成熟的志愿者队伍,能开展比较规范的志愿服务项目;包括行业博物馆和民办博物馆在内,全国博物馆志愿者总人数已达 20 余万,并形成了一批活跃的中坚骨干。中国博物馆协会也于 2009 年成立了志愿者专委会,每年评选"中国博物馆十佳志愿者之星",至今已成为一个在业内外有较大影响的品牌活动。

我国博物馆志愿者还主要集中在咨询、导览讲解、观众调查、协助主题教育活动等领域,与美国博物馆志愿者相比,服务范围相对较窄。

故宫博物院为了适应外国游客多(每年 200 多万人次)、来源广(基本涵盖世界各国)的特点,更好地传播中华文化,为外国游客服务,于 2007 年招募了国内首批外籍志愿者(在京外交官、外企员工和留学生约 50 人报名,其中 16 人经系统培训并考核合格后录用),在北京奥运会期间用 4 种外语从事咨询服务,取得了良好效果(值得一提的是,故宫博物院还专门开发了 40 种语言,包括成人和儿童 2 种版本汉语、32 种外国语和 6 种少数民族或地方语言的自动语音导览器,保证了北京奥运会期间来院参观的各国运动员和各地游客都能找到自己能听懂的语言导览)。在此之前,故宫博物院从 2005 年开始接待美国耶鲁大学学生来华暑期实习,也为开展外籍志愿者工作奠定了良好基础。

当前,我国博物馆的志愿者工作应该而且已有条件实现普及化、常态化、规范化。位于国际化大都市的博物馆,志愿者还可以实现国际化。具备条件的博物馆应进一步提高志愿者的自治程度,逐步实现志愿者的自我组织、自我管理,更好地发挥志愿者的作用,使志愿者从博物馆人的助手变为博物馆人的战友。

在开展社会教育和公共服务方面,博物馆必须坚守不以营利为

北京汽车博物馆餐厅

目的的原则。不过，对于博物馆的社会教育项目是否应该收费，在业界存在不同观点。绝大多数博物馆坚持纯公益不收费立场，而一些博物馆的社教项目即使收费，也常常供不应求。笔者认为，只要不是以营利为目的，适当收取费用作为成本补偿，或作为限制人数的一种手段，也未尝不可，但最好同时也有不收费项目作为"托底"。

另一方面，毫无疑问应该允许并支持博物馆开展文化创意产品开发以及提供面向观众的餐饮等经营服务项目，尤其是当前许多新建博物馆往往位于城市新区大广场，周边缺少完善的配套服务设施，就更应考虑观众需求。这不仅是满足观众"把博物馆带回家"的愿望和正当旅游消费需求，而且也有利于增强博物馆的自我造血机制和生存能力。

我国一些国家级、省级和市级博物馆借鉴欧美博物馆成功经验，已经在文化创意产品开发和馆内经营服务方面迈出了重要步伐、取得了明显成绩。国家文物局于2006年在广东召开了博物馆文创工作座谈会，提出了"把博物馆带回家"口号，此后还多次组织、支持

博物馆文创展示

举办全国博物馆文创设计大赛、文创产品评比、文化产品示范单位评选等活动，全国博物馆文创工作初步呈现出生机勃勃、大有可为的局面。除了市县级基层博物馆大多没有条件开展文创开发和经营销售外，许多国家级和省级博物馆都积极开展了这方面工作，大致可分为三种类型和三种档次：故宫博物院和中国国家博物馆属于"官二代加富二代"，资源条件得天独厚，平台品牌无可比拟，在自身重视和外部支持下文创开发工作一马当先，年经营销售总收入均在1亿元上下；恭王府属于"祖上富过，家道中落"，但最早引入市场机制并充分发掘仅有的资源，围绕"天下第一福"将"福文化"开发到极致，年经营销售总收入亦达4 000万元左右；以中央地方共建国家级博物馆为代表的省级馆和部分市级馆则利用各自藏品优势和地域特色打造文创品牌，稳步推进，年经营销售总收入大多在1 000万元以下。

但是，在近年来国家推行的事业单位分类改革中，绝大多数博物馆被定位为公益一类，而按照《中共中央国务院关于分类推进事业单位改革的指导意见》（中发〔2011〕5号）及其配套文件规定，公益一类单位严格禁止开展任何经营活动，所有经费只能来自财政拨款，任何收入都必须上缴。这样一来，严重制约了博物馆开展文创工作和经营服务的积极性，不仅弱化了博物馆的自我造血机能，产生扶弱但抑强的逆淘汰效应，而且也不能满足观众的正当愿望和必要需求。例如有些位于城市新区大广场的新建博物馆，空间面积很大展厅也很多，却没有餐饮设施，观众如果跨中午参观，只能夏冒酷暑、冬顶严寒，出馆穿过广场到街巷里找饭馆解决午餐，然后再原路返回继续参观。

　　国家有关部门的政策设计应当是出于善意，但这种"包养"政策导致全国博物馆重现"吃大锅饭"现象，负面效应已初步显现。原本已有一定基础的博物馆在"公益一类不许经营"的紧箍咒下，普遍心存观望甚至退却，进退两难之下，有的甚至宁可把场地让外面公司免费使用，以便为观众提供必要服务，也不敢再收取费用，当然也可以为博物馆解决一点灰色支出（如客饭等），既属无奈，又涉嫌利益输送。

　　为了扭转这种局面，国家文物局积极参与起草并促成以国务院名义转发了《关于促进文化文物单位文化创意产品开发工作的意见》，允许部分博物馆可以在一定条件下突破现行政策，开展文化创意产品的开发经营试点。但若不能在国家政策的顶层设计上真正达成共识，则恐难突破前述文件的"高压线"。

　　其实，在不以营利为目的的原则下，允许博物馆利用自身资源优势，开展具有博物馆特色的商业经营（无论是美国博物馆的"八仙过海，各显神通"模式，还是法国博物馆为了不违背"非营利"性质而由博物馆协会统一经营模式），所得收入补充博物馆事业的发展，是国际博物馆界的成功经验，也应该是中国博物馆未来可持续健康发展的必由之路。笔者坚信，如果完全依赖政府财政"包养"而没有足够的自我"造血"机能，中国的博物馆将是缺乏可持续生存和发展能力的，中国也不可能最终实现从博物馆大国向博物馆强国的转变。

近年来，在博物馆的社会教育和公共服务中越来越强调"以人为本"理念，应该说反映了时代的进步，也提升了博物馆的服务水平。但是，在强调"以人为本"、加大博物馆为观众服务的相关投入时，我们也有必要注意防止出现"人"与"物"的关系失衡。值得关注的是，在有的博物馆，已经出现了错误理解"以人为本"，片面强调藏品利用，过度或不恰当利用藏品，忽视藏品保护、导致藏品受损的不良现象。对绝大多数博物馆来说，藏品是其存在和发展的基础，不应脱离藏品保护来空谈利用。而博物馆各类藏品对于保存条件和展示环境是有相应要求的，藏品的利用必须以此为前提条件。对于在博物馆界占很大比例的文物类和遗址类博物馆，由于其藏品（展品）本体的脆弱性，这个问题显得尤为突出。皮之不存，毛将焉附？以损坏藏品为代价的利用，是得不偿失、不可持续的。正如有识之士指出的：我们的遗产不仅仅是从祖先那儿继承来的，而且也是从子孙后代那儿借用来的。我们有责任把它们尽可能原样交还给子孙后代，因此，我们对藏品的利用必须是可持续的。在强化博物馆服务功能和藏品利用的同时，不能弱化藏品保护意识，而应加大藏品保护投入、改善展示条件，对一些特别珍贵或脆弱的藏品，可限定其展示次数和时间。

近年来，在陈列展览数量大幅增长的背景下，文物展品受损的案例也有所增多，这固然在一定程度上具有合理性甚至必然性，但毕竟还是令人痛心的。应该尽量从展品遴选、包装运输、展陈条件等方面增强展品安全意识、完善保障措施，尤其注重防范和减少人为因素造成的损失。

总之，在博物馆工作中，应该把握好"以人为本"和"以物为本"的平衡，在藏品保护领域应秉持"以物为本"的理念，同时兼顾合理的利用需求；在为观众服务领域应弘扬"以人为本"的思想，但要以必要的保护为前提，二者不可偏废。

我国博物馆虽然一贯重视社会教育和公共服务，并且已经取得了十分显著的成绩，但是在这一领域仍然还有不小的发展和提升空间。当前这一领域存在的最大问题，是博物馆的服务对象还不平衡，即在公共文化服务的均等化方面存在明显差异，这也是笔者近年来重点关注和呼吁改进的问题。

一是为大众与小众服务的平衡问题。近代公共博物馆与传统私人收藏的最大区别就在于博物馆为大众服务的广泛性和平等性，虽然也不排除特定条件下的小众化服务（如媒体专场、博物馆之友鉴赏活动等，但都尽量以不影响服务大众为原则）。媒体一度热炒的故宫建福宫花园拟建"会所"、中国国家博物馆利用馆内大厅为职工举办婚礼、北京嵩祝寺变身"高档餐饮场所"等事件，虽然涉事单位其实有点冤，而且博物馆在不违反自身宗旨、不影响文物安全和不影响公众权益的条件下并非不能举办文化衍生活动，但是舆论对这些事件的关注和反应体现了社会公众对公共文化服务均等化的期待和推动，无疑是具有积极意义的，并且直接促成了2014年全国查处利用博物馆、文物建筑和公园举办内部"会所"或公权私用的行为。2016年4月，杭州博物馆在闭馆期间提供展厅给浙江电视台录制品牌节目"奔跑吧兄弟"，因节目形式（奔跑追逐、互撕名牌）对展厅文物安全构成威胁而引起社会舆论争议；稍后南京市博物馆（因与南京博物院名称相似且同处一城，常被混淆，笔者曾建议其

美国大都会艺术博物馆在展厅举办博物馆之友招待会

更名为金陵博物院）在正常开放时间内举办商业地产推介活动,既与博物馆宗旨不谐,又严重干扰观众正常参观,因此广受舆论诟病。此外,令人遗憾的是,近年来一些重要博物馆一改过去几十年艰难形成的公平惯例,每当有达官显贵在正常开放时间"光临"时,有关部门屡屡以安全为由采取清场措施,侵犯了普通观众的参观权益,也破坏了公共文化服务的均等化。

二是为农村和边远地区服务问题。博物馆天生集中在城市,我国2 800个县中还有几百个县没有博物馆,当地民众无法享受博物馆提供的文化服务。贵州等边远农村地区屡有留守少年儿童自杀的悲剧见诸媒体，舆论过去通常归因于贫困，但其实贫困本身并不必然导致自杀，只有精神绝望才会导致轻生。博物馆和图书馆、文化馆一样，在满足精神文化需求方面可以发挥一些作用，也许一本书、一部电影、一个展览就能激起孩子们对生活的梦想和对未来的憧憬。由于国家级博物馆主要承担着面向全国乃至全世界展示中华历史文化的重任，且大都集中在北京、难以辐射全国，笔者认为各省级博物馆应该分别承担起各自省内尚未建成博物馆地区的服务职能，毕竟各省馆藏品来自全省各地，经费也主要来自省财政，理所应当有这个义务。但是目前总的来说，省馆在这方面做得很不够，其主要

四川博物院流动博物馆

精力仍是放在馆内参观接待上，即使不定期送展出门，也基本是在省会城市的学校、社区、军营等近处巡回。其实各省会城市都有自己的市博物馆，而且省会城市也是其他博物馆相对集中的地方，省博物馆完全应该"让出"省会城市，把自己的服务对象延伸到更边远的地方去。11家"中央地方共建国家级博物馆"由于有中央财政经费支持，更应该在这方面做表率。遗憾的是，国内目前少有的几家开展类似服务较好的博物馆反倒是欠发达地区的省级博物馆：四

川博物院的"大篷车"流动博物馆从 2009 年开始,数年来坚持每月赴边远地区一次,给当地民众特别是青少年带去主题展览、教育游戏或文物鉴定活动,累计行程已达 30 万公里,服务观众 150 万人次;新疆维吾尔自治区博物馆的流动博物馆克服地域、气候、语言等困难,在向边疆各民族民众宣传祖国历史和文化方面发挥了重要作用;内蒙古博物院的流动数字博物馆则以"换人不换车"的模式在全区巡回展示宣传。近年来,湖南省博物馆、辽宁省博物馆和广东省博物馆等省级馆也开始重视开展流动博物馆工作。

三是为残障人士服务问题。每年"国际博物馆日"前后总有一个节日如影随形,那就是"全国助残日"。据媒体十年前报道,我国已有 8 500 万残障人士,我国不但是世界第一人口大国,而且是世界第一残障人士大国。数量之大、比例之高,意味着我们自己或亲戚、朋友、同事、邻居里就可能有残障人士。而当前博物馆观众中残障人士的比例远远低于其占总人口的比例。许多博物馆都开展过针对残障人士的服务项目,但通常都在节假日而未形成常态。故宫

故宫接待残奥会运动员

博物院在 2008 年北京奥运会前曾投巨资克服困难建起了比较完善的残障人士通道及助残设施，在奥运会及其后的残奥会期间发挥了积极作用并受到广泛好评，但其后部分设施和服务项目又名存实亡了。什么时候博物馆为残障人士服务能够形成常态化，观众人数中的残障人士比例与社会总人口中的残障人士比例能够更接近一点，就说明我国博物馆在"以人为本"的公共服务均等化方面又有提高了。

四是为老年人服务问题。中国不但是世界第一人口大国和世界第一残障人士大国，而且是世界第一老年人大国。据最新统计，我国 60 岁以上老年人已达 2.64 亿。本来随着经济社会的发展，人口老龄化属于正常现象，欧美发达国家也基本是老龄化社会，但关键我国属于计划生育政策导致的"未富先老"社会，在老有所养、老有所娱的很多方面还没做好准备。如同欧美国家一样，老年人也已成为我国博物馆第一大观众群体，但是我国博物馆却几乎没有专门针对老年人特点的展览、活动项目。笔者有一年重阳节专门给国内大约 10 家博物馆馆长打电话了解是否有专为老年人举办的展览或活动，结果颇令人失望。相对于针对未成年少儿丰富多彩的锦上添花的活动，老年人观众在很大程度上被忽视、遗忘了。老年人生活阅历丰富，闲暇时间充裕，尤其在免费开放时代自然是博物馆的重要观众群体，但老年人体力、视力、听力相对退化，与现代信息技术联系比较脱节（美国大都会艺术博物馆的前任馆长蒙特伯诺就不用电脑，他来中国在故宫博物院演讲时用的是老式幻灯片，中方费了很大劲才找到适用的幻灯机），如果不注意照顾他们的特殊需求，往往会令他们成为当代博物馆里的弱势群体。比如当代博物馆陈列展览的说明牌文字已越来越精简，许多扩展信息是借助触摸屏或扫描二维码等技术提供，而这些先进技术对老年人来说可能并不方便，似乎应该考虑适当增加展品的说明文字内容并放大字号。笔者十几年前在美国考察研修时，发现有的博物馆还专门针对不能亲自来馆的病人、瘫痪者、高龄老人提供通过电话或电台广播讲解展览或藏品的服务，当时深受震撼。

总之，中国博物馆的公共教育与社会服务，在锦上添花的同时，应该更加注重雪中送炭。

第六章 学术研究：博物馆事业发展的推动力

博物馆学术研究，包括广义的博物馆研究（museum studies）、基础性的博物馆学理论（museology）与实务性的博物馆术（museography，或译博物馆志）。

一、博物馆研究中的理论与实务

对于博物馆学能否成为一门学科，国际学术界和博物馆界还存在争议。不少人认为博物馆学没有系统的理论，尤其没有自己的方法论，都是借用其他学科的方法，因此不能算是一门学科。这其实是交叉学科或边缘学科共同的问题。

据了解，美国高校中排名前 20 的名校里似乎都没有设置博物馆专业学科，但是却有大约 100 所院校开设有名为"博物馆学"或"博物馆研究"的专业课程,最有影响的是乔治·华盛顿大学的博物馆学硕士项目。美国不少高校都拥有大名鼎鼎的博物馆,比如哈佛大学拥有至少包括 6 家博物馆的博物馆群、耶鲁大学艺术馆、普林斯顿大学艺术馆、宾夕法尼亚大学的考古与人类学博物馆等,也都在业内外具有重要地位和影响。相对而言,这些学校理论与实践结合较好。

与之相反,中国高校对博物馆专业很重视,在 20 世纪 40 年代,北京大学和今苏州大学前身即一度设立了博物馆专业(李军《中国博物馆学专业教育的早期发展》,《中国博物馆》2015 年 4 期);从 1979 年开始,南开大学、上海大学(时为复旦大学分校)、杭州大学(后并入浙江大学)、北京大学、中央民族大学、吉林大学、中国人民大学等 40 余所高校先后开设了博物馆学专业。而且高校博物馆专业的教师和学生群体一直是中国开展博物馆学术研究的重要力量,甚至尚处于筹备阶段的上海大学博物馆即已试办了自己的刊

宾夕法尼亚大学考古与人类学博物馆

四川大学博物馆展厅

西南联大博物馆

物《博物馆与新技术》。但是，我国高校却几乎没有在业内外有重要影响的重量级博物馆，只有诸如四川大学、南京大学等个别高校因有早期教会学校家底而具备较强的博物馆藏品基础，许多著名大学长期没有自己的博物馆，清华大学、浙江大学、同济大学等高校的博物馆也是近年才初创新建，即使已有的大学博物馆也社会影响平平，整体上似乎呈现出理论与实践相脱节的状况。不过，复旦大学、浙江大学、中央民族大学的博物馆专业师生通过积极承接校外博物馆规划和陈列展览策划项目，在理论与实践结合方面相对做得比较好。另有一些高校拥有较好的博物馆资源，但尚未很好地发挥其作用，比如云南师范大学 1985 年即建立了西南联大博物馆，但管理层级偏低、场馆设施较陈旧、藏品数量和质量偏弱、陈列展览主题有偏差，未能充分发挥西南联大这一"金字招牌"的影响和作用。

与图书馆、实验室相比，高校的博物馆尚非必备的"标配"，因此教育主管部门没有专门的管理部门和固定的经费渠道，发展状况主要取决于所在高校领导重视程度。这在政府部门掌控绝大多数社会资源的体制下，无疑制约了高校博物馆的整体发展。所幸近年来高校普遍对此越来越重视，博物馆遂渐有成为名校"标配"之势。

中外早期的公共博物馆大多诞生在高校，如英国牛津大学的阿什莫林博物馆（1683 年）、剑桥大学的费茨威廉博物馆（1816 年），中国的同文馆博物馆（1876 年）、南通博物苑（1905 年，是同为张

厦门大学人类学博物馆

中国人民大学家书博物馆展厅

謇创办的通州师范学校的配套机构）。这与博物馆的教育功能及高校的研究优势密切关联。

我国现有的高校博物馆各具特色：现存最早、规模最大的四川大学博物馆以民俗、历史为主，厦门大学人类学博物馆以人类学为主，北京大学赛克勒考古与艺术博物馆以考古为主，南京大学博物馆以历史文物为主，中国人民大学家书博物馆以名人信札和家书为主，清华大学艺术博物馆以艺术为主，而中央民族大学、中国传媒大学、上海中医药大学和北京服装学院等高校博物馆更体现出鲜明的专业特性。而且，像北京大学赛克勒考古与艺术博物馆还不定期从校外乃至境外引进专题展览，扩大了自身的作用和影响。

当然，高校博物馆定位为主要服务于学校教学，这也是制约高校博物馆面向社会公共服务与影响力的因素。同时，高校博物馆基本上都是学校甚至院系的内设机构而非《博物馆条例》规定的独立法人，这也无疑对其长远发展产生影响。

从博物馆自身特点和实践经验来看，笔者并不赞同在高校本科设置博物馆专业，因为这会导致学生所学知识过于零散、肤浅，对专业发展和继续深造不利，应该在研究生阶段设置博物馆专业硕士，招收各相关专业（如历史、考古、艺术、自然、科技、教育、心理、信息等）的本科毕业生。这样才更有利于夯实学术研究的根基，也更能适应博物馆理论与实践的扩展和深化。

在博物馆领域，博物馆学术研究首先直观体现在对博物馆的定义及其修订上。博物馆定义的演变，实际反映了人们对博物馆学术研究和实践认识的深化。

山缪尔·约翰逊给博物馆下的第一个定义，即界定了博物馆有别于其他机构的核心职能：收藏和展示。

第一次世界大战后成立的国际联盟，下设有国际博物馆事务局，在推动国际博物馆发展方面起过积极作用，但似乎没有为博物馆下过定义。

第二次世界大战后于1946年成立的国际博物馆协会，其章程中有关于"博物馆"的定义："博物馆是指向公众开放的展示美术、工艺、科学、历史以及考古学藏品的机构，也包括动物园和植物园，但图书馆如无常设陈设室者除外。"

其后，国际博协在1951年、1962年、1971年、1974年、1989年又多次对定义进行修订。例如1951年在"保管"和"开放"之外增加"研究"功能，将"藏品"扩展到"资料和标本"，并增加"为公众利益而进行管理"；1962年则简化概括，如只提"藏品"，却明确"以研究、教育和欣赏为目的"；1974年增加"博物馆是一个不追求营利、为社会和社会发展服务的公开的常设性机构"的表述，在增加"收集"功能的同时把"藏品"改为"人类及其环境的见证物"，已基本具备当今定义的各要素；1989年增加"传播"功能，2004年再将"人类及其环境的见证物"区分为"物质的和非物质的"两类。但2004年及以前的定义正文之后都保留了例举作为定义的附属说明。

2007年国际博物馆协会完全删除了博物馆定义之下的例举，最终形成了现行的"经典"定义："博物馆是为社会及其发展服务、向公众开放的、非营利的永久性机构，它为教育、研习和欣赏的目的，而收集、保存、研究、传播和展示人类的物质和非物质遗产及其环境。"这一定义不但在有形之"物"领域实现了最大的多元化，而且扩展至丰富多彩的无形文化领域，包括"非物质遗产"和"数字化活动"。

国际博协对"博物馆"定义的不断修订，其实也是对当代博物馆日益多元化这一现实的反映和适应。应该说，这在增加博物馆外延包容性的同时，也造成了博物馆内涵的不确定性，并因此引起了博物馆界内部的疑虑和分歧。而人为限定博物馆内涵和外延的尝试，一次导致了20世纪60年代中期遗址类博物馆从国际博物馆协会中分裂出来，单独组成国际古迹遗址理事会，令国际博物馆协会大伤元气；另一次为20世纪80年代至今的新博物馆学运动，对传统博物馆理念和模式的突破，也曾对国际博物馆界产生较大冲击，在国际博物馆协会内形成过有惊无险的危机。

事实上，当代博物馆的功能已大大超越了传统博物馆定义的范畴。以世界博物馆发展的"风向标"美国为例，在2002年3月20日美国发动推翻萨达姆的伊拉克战争前夕，布什总统在辛辛那提博物馆发表讲话，呼吁各国支持美国的行动；2009年2月17日，在最近一次世界经济危机陷于谷底之时，奥巴马总统在丹佛自然科学博物馆签署了自罗斯福新政以来美国规模最大的经济刺激法案。为什么这些重大的政治、经济、军事活动要选择在博物馆进行？笔者认为这与博物馆代表历史与传统并体现社会公众利益的特点有关，同时其文化性质能淡化政治、军事色彩并超越意识形态。可能正因为如此，世界各国也纷纷效仿，将博物馆作为集政治、经济、文化、外交等功能于一体的"超级客厅"。不过这方面的研究才刚刚开始。

从公共博物馆进入近代中国人的视野开始，中国人就相当重视博物馆学术研究并屡有建树。例如：清朝晚期戊戌维新时，改良派领袖康有为、梁启超将开办博物馆作为开启民智、变法图强的重要手段。民国著名教育家蔡元培倡导"以美育代宗教"，认为随着社会进步、科学昌明，学校、剧院、博物院可以取代寺观和教堂的功能与作用。稍晚的著名古生物学家杨钟健认为，博物馆"兼具保存文化、普及文化、提升文化三种要务"，"不但为文化品物的储藏的地方，研究人才集中的场所，普及专门教育的辅助机关，也是民族复兴与国家元气的大本营"。

1935年中国博物馆协会成立时，通过的《中国博物馆协会组织大纲》即确定协会的宗旨为"研究博物馆学术，发展博物馆事业，并谋博物馆之互助"。

1956年召开的全国博物馆工作会议提出，博物馆的性质是一个"科学研究机关、文化教育机关、物质文化和精神文化遗存以及自然标本的收藏所"，其任务是"为科学研究服务，为广大人民群众服务"。一个甲子之后，再来看此"三性二务"犹不过时，与国际博物馆协会关于博物馆的现行定义主旨高度一致。

而其中特别突出"科学研究"性质与任务，是有时代背景的：1956年1月中共中央召开了全国知识分子问题会议，会后提出了"向科学进军"的口号。

至于1979年《省市自治区博物馆工作条例》提出的"新三性二务"：博物馆"是文物和标本的主要收藏机构、宣传教育机构和科学研究机构……坚持为人民服务、为社会主义服务的方向"，则显示出特殊的时代印记。

20世纪60年代中期，国际古迹遗址理事会从国际博物馆协会分裂出来，我国因当时正处于与世隔绝状态而"因祸得福"：遗址类博物馆在我国得到很大发展，成为中国博物馆事业的重要组成部分，北京周口店、西安半坡、临潼兵马俑、广汉三星堆、咸阳汉阳陵、成都金沙等成为中国遗址类博物馆的代表，中国在遗址类博物馆的研究方面也因此走在国际前列。

从20世纪80年代开始，在中外交流频繁且国内思想解放的背景下，中国博物馆界的学术研究进入了一个活跃阶段，以苏东海等先生为代表的专家学者们在博物馆学基础理论、博物馆实务、博物

牛河梁遗址博物馆

长治博物馆战国车马坑展示

馆藏品研究等方面都取得了丰硕成果，对当代中国博物馆事业的发展起到了重要的推动作用。苏东海先生也于2011年被中国博物馆协会授予迄今唯一一个"终身成就奖"。

当代中国博物馆的学术研究，一是在引进欧美博物馆先进理念并推动其在中国本土落地方面成效蔚为大观，比如工业遗产博物馆、生态博物馆、社区博物馆、智慧博物馆等均已不同程度在中华大地上生根开花结果，并将长期影响中国博物馆和文化遗产保护的思想与实践。

二是在深入挖掘中国博物馆早期历史方面取得了突出成果。例如，提出"孔子庙堂"可能为世界最早的人物纪念馆雏形，使中国与埃及共同成为东西方博物馆滥觞；对同文馆博物馆的研究，显示中国人创办的第一家博物馆、中国第一家官办博物馆、中国第一家科学博物馆的建立时间比我们过去的认知大幅度提前；对古物陈列所的研究，则使我们对中国最大最著名的博物馆故宫博物院的历史认识更加完整，更重要的是揭示了紫禁城向博物院的转变，既是受法国卢浮宫向博物馆转变的影响，又参与引领了俄罗斯艾尔米塔什、奥地利霍夫堡、德意志柏林皇宫、土耳其托普卡帕、韩国景福宫等国皇宫向博物馆转化的时代潮流。

中国博物馆协会在2008年组建了博物馆学专业委员会，会同其他专业委员会一起，在推动博物馆学术研究方面发挥了积极作用。2016年中国博物馆协会与"中国知网"联合组织开展了第一届"全国博物馆学优秀学术成果"评选，共有27篇论文（含4篇硕博士学位论文）、5篇译文、5部著作、2部译著入选，可视为过去一个时代我国众多博物馆学术研究成果的缩影。

各大博物馆也十分重视自身的学术研究。例如故宫博物院郑欣淼院长上任伊始就提出了"故宫学"概念，整合院史、古建、器物、文化、制度等领域的学术资源力量，使故宫的学术研究得到全面规划和提升。单霁翔院长上任后又建立了故宫研究院作为故宫博物院业务工作的学术支撑，下设十余个专题研究所，既延请院外专家加盟，又注重发挥本院退休专家的作用。中国国家博物馆吕章申馆长也将"学术立馆"作为其四大支柱之一。湖南省博物馆设立了博物馆研究所，除了开展学术研究，近年还组织翻译了一系列国外博物馆学术著述。北京市文物局和上海科技馆也在翻译引进国外博物馆学论著方面发挥了积极作用。当代我国博物馆还越来越重视开展国际学术交流，在平等对话中相互借鉴、共同发展。

第六章 学术研究：博物馆事业发展的推动力 | 151

故宫博物院
"紫禁城对话"

南京博物院
国际论坛

西安博物院
学术讲座

笔者认为，当前中国博物馆界的学术工作应该在翻译介绍外国博物馆学术论著和学习借鉴外国博物馆实践经验基础上，逐步把重点放到探索建立既有中国博物馆实践特点，又具有普世价值的中国博物馆学术理论体系上面。但这样做绝不应当是出于环顾国际博物馆界有"一览众山小"的自我陶醉甚至夜郎自大心态，而是因为当代中国博物馆事业发展至今，已经从"跟跑"阶段进入"并跑"阶段，既需要回顾、总结、阐释，更急需从中凝练出理论来支撑、前瞻、引导，否则方向不明，难以可持续健康发展。

在理论与实践结合时，既要注重从实践中梳理、凝练学术思想，也要重视用学术理论指导、提升实践水平。整体而言，与国外著名博物馆相比，中国博物馆的学术研究与日常业务的结合还不够密切，对业务工作的促进和提升作用还不够显著，这种差距往往直接体现在业务质量上。

比如，中国汉代和唐代的主题历来是我国博物馆陈列展览的宠儿：汉、唐两朝的文物数量众多、类型丰富、形态大气，而汉唐之间过去多被视为乱世的短命王朝常遭忽视。不过中外学术界逐渐认识到汉唐之间其实是中华文明的重要"十字路口"：南北之间民族、文化交融，东西之间经济、文化交流，为大唐盛世的来临奠定了基础。如日本学者谷川道雄在20世纪90年代修订增补再版了《隋唐帝国形成史论》，21世纪初美国哈佛大学、芝加哥大学与中国北京大学、中央美院和社科院考古所也联合开展了"汉唐之间"系列学术研讨活动。

于是，美国纽约的大都会艺术博物馆瞄准并追踪这一前沿学术课题，花了7年时间策划、积累，于2004年10月用400余件文物构建了一个宏大的展览"走向盛唐"，首次用历史文物来实证和阐释这一学术研究成果。展览在业内外均大获成功，成为近20年来最重要、最有影响力的大展之一。2005年3月香港文化博物馆引进该展，随后2005年7月日本东京森美术馆等联合引进该展,2006年7月国内湖南省博物馆也引进该展,出现了令人津津乐道的"'走向盛唐展'现象"。该展主题是关于中国历史文化,参展的400余件文物98%来自国内14个省(市)的47家文博单位,从这些因素来说应该是一个中国展览;但是,该展的主题策划、展览大纲结构、展品挑选、展览文字说明等,则完全是美国大都会艺术博物馆的学术成果,即展览的知识产权属于大都会艺术博物馆,难怪前述香港、日本等博物馆接连从中国内地的协办单位直接引进该展曾引起大都会艺术博物馆策展人的不满。因此,展品的所有权固然很重要,但是植根于学术研究的展览知识产权同样很重要,甚至在某些情况下更重要。我国一些省级博物馆虽有品牌文物资源,但缺少著名展览项目,主要原因就是学术研究不够及策展实力较弱。

可见,学术研究是陈列展览的支撑,学术研究越充分、成果越扎实,陈列展览越具有强大的生命力。当前我国博物馆陈列展览中存在的一些问题,比如纪念馆展陈的同质化,学术研究不够至少是原因之一。

学术研究是推动博物馆事业可持续发展的重要动力。在机遇和挑战并存的形势下,中国博物馆界的同仁们,正积极投身于博物馆理论与实务的研究,相信能逐渐形成具有中国特色和中国经验的博物馆学说,在国际博物馆学界催生出植根于中国博物馆实践经验、适应中国博物馆现状特点并推动中国博物馆可持续发展的中国学派。

二、 生态博物馆的名与实

现代国际博物馆界关于博物馆学术研究的最大课题,无疑是完全突破传统博物馆概念,以生态博物馆为核心的新博物馆学理论与实践。虽然其理论与实践在发展过程中存在高峰和低潮,但它的确为全球博物馆的发展开辟了一个新的领域。

概念:什么是生态博物馆?

生态博物馆的渊源可追溯至1891年瑞典建立的斯坎森露天博物馆。而最早以"生态博物馆"命名的机构,诞生于20世纪70年代的法国,如克勒索蒙特索社区生态博物馆,这里的"生态"主要是指文化生态而非单纯的自然生态。大致同一时期,美国史密森尼研究院的博物馆学家提出了"社区博物馆"概念,并建立了安纳柯斯提亚社区博物馆。这里的"社区"重点是指社区人文体系而非单纯的社区地域。生态博物馆与社区博物馆的理念是高度一致的,都突破了传统博物馆的围墙,而着眼于整体的活态文化的保护和传承。它们其实是同一博物馆的不同侧面,生态指其模式,社区指其结构。它们与传统博物馆的区别体现在,传统博物馆是一个建筑里面陈列着一些过去的、静态的物品,而生态博物馆是把一个有价值的社群(村寨、社区)整体上(人、物、生产业态、生活形态)视为保护和传承的对象。

在很长时间里,国际博物馆界对"生态博物馆"一直没有一个公认的定义,也没有一个固定的建设模式。但其基本理念是相同的,都强调整体保护、原生保护、活态保护和自我保护。这意味着生态博物馆涵盖了可移动与不可移动、物质与非物质、文化与自然等多元遗产,也决定了生态博物馆与"仿古一条街"和"民俗旅游村"等模式有本质区别,当然后两者在发展旅游和传播文化方面亦有其自身价值。

值得注意的是,生态博物馆关注、展示的绝不应是停滞的标本,而是动态发展的群体。谣传有外国专家在考察我国第一个生态博物馆时曾表示当地女孩可以按传统风俗不上学,这理所当然遭到我方拒绝。

国际博物馆协会 2012 年才在其新出的《博物馆学大辞典》中正式推出生态博物馆的定义:"生态博物馆是一个致力于社区发展的博物馆化的机构。它融合了对该社区所拥有的文化和自然遗产的保存、展现和阐释功能,并反映某特定区域内一种活态的和运转之中的(人文和自然)环境,同时从事与之相关的研究。"

观念:为什么需要生态博物馆?

生态博物馆(包括社区博物馆)这种"新博物馆"理念在欧美诞生的背景:一是工业化和城市发展破坏了自然环境和传统生活方式,唤起了博物馆学家保护和传承文化的使命感;二是工业时代的文化趋同对文化多样性构成威胁,引起知识分子的反思和警惕;三是"垮掉的一代"欧美青年反对政府权威、提倡民众自治。由于契合了西方社会流行的后现代思潮,生态博物馆一度在欧美国家获得了比较迅速的发展,并扩展至亚洲、拉丁美洲等地,最高峰时全世界有超过 500 家生态博物馆。

改革开放以来,我国用二三十年时间走完了西方通常用一二百年才走完的经济发展之路,被誉为"中国模式"甚至"中国奇迹"。但是,我们也在这二三十年里集中体验了西方在一二百年里陆续经受的剧痛:传统文化变异、生态环境恶化、人文精神消减……显然这不是我们追求的目标。

改革开放之初的中国,屡经浩劫的传统文化仍被视为"落后"的象征,穷怕了的人们将"发展"奉为目的,而在缺乏人文精神支撑的背景下,对"先进""富足""发达"的追求被简单地物质化理解了。

于是,我们拆了旧城建新城,快速复制了一个又一个缺乏个性、千城一面的城市,人们匆匆搬进了一个又一个没有历史文化底蕴、格局似曾相识的新建小区……

　　与城市相比，农村受到的冲击更大：除了光秃的山、污染的水、千疮百孔的大地之外，模式简单的"城镇化"使田园牧歌似的乡村愈益渐行渐远，理解片面的"现代化"使传统的生产方式和生活习俗发生巨大变异，二者叠加形成的文化趋同使农村原本天然拥有的文化多样性迅速消失。

　　如果说这是"发展"，那也是代价高昂、难以持续的"发展"。

　　我们遇到的问题与欧美国家在工业化以后面临的问题如出一辙，只是问题更加集中而尖锐。

　　生态博物馆以其独特的理念和有效的实践，被众多有识之士选中，寄予了预防破坏、抢救文化、平衡利益、协调发展的期望。

　　在此背景下，20世纪80年代中期，生态博物馆的概念由苏东海先生介绍进我国，社区博物馆的概念稍晚一点，是在20世纪90年代初传进来的。1997年，生态博物馆在我国迈出了高调的一步，中国和挪威两国国家元首见证了挪威援建我国第一个生态博物馆——贵州梭嘎生态博物馆的协议签署。

梭嘎生态博物馆

生态博物馆的理念原本并非针对乡村，例如欧美的实践主要都集中在城市社区。但进入我国后，生态博物馆首先直接与乡村联系起来。这既有偶然性（对"生态"一词望文生义），也有必然性（其理念契合"天人合一"的传统文化），还有紧迫性（传统乡村正在"社会主义新农村建设"和"城镇化改造"中急剧改变面貌）。

　　理念：怎样建设生态博物馆？

　　我国早期和现有的生态博物馆主要集中在文化面貌丰富多彩的西南地区。除梭嘎外，贵州继续以中外合作形式建设了花溪、堂安、隆里、地扪生态博物馆，并自建了西江、郎德、乍雷等生态博物馆；

广西金秀坳瑶生态博物馆信息中心

和顺古镇

广西推行"1+10"模式，由广西民族博物馆联动建设了南丹里湖、三江、靖西旧州、贺州莲塘、融水、灵川灵田、东兴三岛、龙胜龙脊、那坡达文、金秀等10家生态博物馆；云南则将生态博物馆理念与传统民族村寨保护结合，建设了腾冲和顺等20余处"民族文化生态村"。

但是，生态博物馆是西方工业化以后的产物，重点是保护正在消逝的物质和非物质文化遗产，而我国西南地区大多属于经济欠发达地区，发展经济、改善生活是当地最迫切的愿望，因此在实践中出现了保护与发展的理念冲突。因此，从2010年起，国家文物局领导和社会有识之士开始倡导在东中部一些经济基础较好、文化类型有特色、遗产资源丰厚的地区推广生态博物馆理念，并顺应传统习惯或认知理念，在农村地域使用生态博物馆之名，在城市地域使用社区博物馆之名。2011年国家文物局将安吉生态博物馆、福州三坊七巷社区博物馆、黎平堂安侗族生态博物馆、屯溪老街社区博物馆、

福州三坊七巷社区博物馆

龙胜龙脊壮族生态博物馆公布为全国首批"生态（社区）博物馆示范点"。当然并不意味着这五家就是做得最好的，而是在生态博物馆缺少统一模式的情况下提供了不同的实践案例。全国生态博物馆建设一度有声有色，可惜后来虽经争取却未能将生态博物馆纳入国家财政支持范畴（这在我国现行体制下是至关重要的），各地主要只能依靠旅游拉动模式探索发展之路，少数比较成功，而大多数就相对沉寂了。

怎样才算是成功的实践？让我们比较一下同在贵州黔东南的西江千户苗寨和地扪生态博物馆。

西江千户苗寨因为是全国最大的苗族聚居村寨，本身就很有吸引力，从旅游开发效果来看也是十分成功的：每天川流不息的旅游大客车把来自全国各地乃至国外的游客送来。人们兴致勃勃地

西江千户苗寨

参观苗寨、呼吸清新的空气、拍照留念、选购苗族特色纪念品、品尝当地特色饭菜、观看苗族歌舞表演，既达到了传播苗族文化的目的，也带动了当地经济发展，使西江千户苗寨及周边地区民众先富了起来。但是从文化遗产的保护和传承角度看是有喜有忧、有利有弊的，甚至从某种角度上看是忧大于喜，弊大于利。因为西江千户苗寨为了发展旅游做了很大改建，街道拓宽了，广场扩大了，临街房屋建筑大都是重新修建的，虽然外观和原来差不多，但是本质上已经不是原汁原味的了。它的歌舞表演也与其原生态生活、节庆文化没有密切联系了，几乎随时去都能看到，是单纯为游客表演的性质。因此，从文化遗产保护和传承角度看，出现了发展断层和文化空心化现象，而且当下的红火有可能是一种超前消费，等于把子孙后代的钱都预支了。让笔者困惑的是，像西江千户苗

地扪生态博物馆

寨一样，乌镇、周庄等经过旅游规划和较大规模改造的古村镇似乎都比南浔等相对原汁原味的古村镇更受游人欢迎，更典型的例子是北京最近直接"山寨"乌镇的古北水镇在节假日居然也人满为患。这也许说明绝大多数游客其实对没有抽水马桶、没有热水淋浴、没有电视和无线网络的原生态村镇生活的向往是叶公好龙的，或者说明这些同时兼顾游客心理需求和生理需求的旅游景点才是最适合我国现阶段绝大多数民众的选择。从文化遗产保护和传承角度看，这是比较遗憾但又似乎无可奈何的。笔者记得小时候曾从杂志上剪下精美的艺术图片压在书桌玻璃板下，长大后也购买过断臂的维纳斯等石膏像放在书柜里，因工作关系碰到喜欢的文物复仿制品也爱不释手，将来如果买彩票中了大奖更不排除去拍卖会带回一件真正艺术品的可能。其实这是同一道理，即人的精神需求目标是受其文化素养和经济基础制约的。

与西江千户苗寨相反，地扪这个地方没有发展旅游的突出资源，只是山清水秀，就像全国众多的乡间村落一样。地扪生态博物馆最初是在香港人士资助下创建的，后来则靠自身独立发展，在馆长任和昕领导下，一方面着手记录当地的文化形态，并加以保护和传播，另一方面组织了村民合作社，将当地的绿色有机稻米销往澳门、香港，每年供不应求，名气打响之后又和内地一些富人聚居的社区签协议，定期包销稻米，在我国食品安全问题依然存在的背景下，他们的产品很受欢迎。现在地扪不仅销售稻米，还进一步生产洗浴品、化妆品、农家土酒，由国际背景的专家帮助设计和推广。地扪由此走上了良性循环的道路，经济上已初步做到了收支平衡并略有盈余，文化上也保护和传承得很好。现在地扪名气越来越大，游客也越来越多，为了保持住自己的特色、防止低端旅游的冲击，走可持续发展之路，地扪有意识地不为普通游客提供吃饭和住宿的便利条件，虽然这对游客来说很不方便，但是对于保护当地文化的原汁原味是必要的。地扪生态博物馆的成功，对于我国广大没有突出旅游资源的村落乡寨是一个可以推广的范例，具有重要意义。只是不知这种模式在急功近利的行政干预下能坚持多久。

生态博物馆可以开发利用，但应以保护和传承为基础，避免单一的旅游导向。要确保文化的真实性、延续性，防止文化空心化、断层化。

需要指出的是，生态博物馆本身的理念强调村民的自觉认识、自我保存、自主管理，而我们为了适应现阶段中国城乡的现实，普遍将欧美日等国"居民主导、专家指导、政府支持"模式改为"政府主导、专家指导、村民参与"模式。但是，无论如何要避免完全由政府包办，应逐步培育村民自觉、自主、自治。

信念：生态博物馆具有广阔的前景

生态博物馆虽然是舶来品，但我国对国际生态博物馆事业也做出了重要贡献。2005年在贵州六枝召开的国际会议上通过了"六枝原则"，既是生态博物馆建设的经验，也是生态博物馆遵循的规范。

"六枝原则"：一、村民是其文化的拥有者，有权认同与解释其文化；二、文化的含义与价值必须与人联系起来，并应予以加强；三、生态博物馆的核心是公众参与，必须以民主方式管理；四、当旅游和文化保护发生冲突时，应优先保护文化，不应出售文物但鼓励以传统工艺制作纪念品出售；五、长远和历史性规划永远是最重要的，损害长久文化的短期经济行为必须制止；六、对文化遗产进行整体保护，其中传统工艺技术和物质文化资料是核心；七、观众有义务以尊重的态度遵守一定的行为准则；八、生态博物馆没有固定的模式，因文化及社会的不同条件而千差万别；九、促进社区经

广东孙中山故居纪念馆附近的农田

济发展，改善居民生活。

虽然我们现在所说的"生态博物馆"是舶来品，但其实许多传统村镇就是一个个天然的生态博物馆，甚至在我国传统博物馆领域也有类似的自发实践，只是缺乏自觉的理论提炼。比如，广东的孙中山故居纪念馆在萧润君馆长带领下，过去20多年里凭着一个朴素的理念，就是希望让现在和将来的观众仍然能够见到孙中山先生小时候家乡的风貌，为此在寸土寸金之地竭尽全力保护故居周边环境，把周围的房屋买下恢复原状，还保留了大片农田，继续请人种植水稻，每年春耕秋收，使当地的整体风貌尽可能不发生突变。这一成功实践也是中国博物馆界的骄傲。

我国的传统博物馆总体上也越来越重视在收藏和展示物质文化遗产的同时，进一步发挥其保护和传承非物质文化遗产的功能——后者曾经在很长时期内由于行政管理部门的人为分割而被忽视。比如除了举办大量传统文化、民俗讲座之外，"博物馆里过大年"已经成为深受各地民众欢迎的博物馆年节活动，非物质文化展演也成

贵州省博物馆
"非遗"展示

北京朝阳区南磨房社区博物馆

为众多博物馆的固定项目。此外，中国丝绸博物馆牵头申报的"中国蚕桑丝织技艺"和中国农业博物馆牵头申报的"中国二十四节气"还分别于2009年和2016年被联合国教科文组织列入"人类非物质文化遗产代表作名录"。

2005年文化部（现文化和旅游部，下同——编注）从非物质文化遗产保护角度提出"文化生态保护实验区"概念，并从2007年起先后批准了闽南、徽州、热贡、陕北、湘西、赣南、莎车、新源、黔东南等冠名为"国家级文化生态保护实验区"。

"文化生态保护实验区"着眼于范围较大的"亚文化圈"这一层级,而生态博物馆着力于具体的文化体,二者实际可形成互补的关系。

国家文物局正在进行的"传统村落保护利用综合试点",实质上也是应用生态博物馆理念的一种新尝试。

当然,生态博物馆最重要的是其理念而不是名称。我们不必纠结于名称叫"生态博物馆"还是"文化生态村"或"文化生态社区"等等,关键是遵循其原则理念和基本模式。文化部推广的"文化生态保护实验区"和国家文物局主抓的"传统村落保护利用综合试点",其实都与生态博物馆同根同源,可以形成互补,共同推进传统文化的保护与传承。

由于中华文化具有延续几千年的"天人合一"传统理念,生态博物馆在我国具有天然的发生和发展土壤。相信生态博物馆一定能在我国生根、开花、结果,并为我国城乡社会的可持续发展做出积极贡献。当然,我们也必须明白:生态博物馆既不是尽善尽美的体系,也不是万能的灵丹妙药,它只是提供了一种新的思想和视角,是城市改造和"美丽乡村建设"中兼顾传承和发展的一种可选模式。

第七章 博物馆运营治理：运行机制的新探索

一、博物馆的外部治理与内部运营

中国国有博物馆的现行外部治理体制是"条块结合，以块为主"：国家文物局对全国博物馆负有行业管理和业务指导职责，地方政府则具体负责属地博物馆的行政领导和人事管理。当前行政主管部门对博物馆的管理模式类似于机关的行政管理体制。

这种体制的特点或优势很明显：上下对接容易，管理力度较大，动员能力较强，从短期来看工作效率较高，覆盖面广度深。但是弊病也很突出：不利于形成博物馆的自主发展机制，不利于集思广益，从长期来看不尽符合博物馆自身发展规律和工作特点。

中国博物馆的内部管理运营模式主要有两种，其共同点是都分为行政与业务两大部类，不同点在于业务部类分别采用纵向和横向划分：

一是"三部一室"制，即除办公室外，业务领域大致分为保管、陈列、宣教三个部门，各司其职、各负其责。这是中华人民共和国成立后从苏联照搬过来的博物馆模式。优点是分工比较明确，职责相对清晰，应能形成合力，缺点是人为割裂了业务工作之间的联系，跨部门协调难度较大，容易扯皮或推诿，制约业务工作水平。

二是 Curator（主任研究员，或译策展人）负责制，俗称"一条龙"模式。即纵向切割，由同一个策展人负责文物的保管、研究、展览和阐释，当然也有辅助人员，但是总体工作由一人主导。优点是统筹业务工作，易形成个性突出、主题鲜明、内容深入的展览，缺点是比较依赖策展人个人的学术水平和统筹能力。

以上两种模式各有利弊，难以一概论优劣。

我国当代博物馆的治理与运营模式，是由国际博物馆的共性与我国管理体制的特性共同决定的。

1916年，中华民国北洋政府就颁布了《保存古物暂行办法》，后来南京国民政府又相继出台了1930年的《古物保存法》及1935年的《古物保存法施行条例》，其中涉及博物馆的职能。

中华人民共和国建立后，1951年文化部颁布了《对地方博物馆的方针、任务、性质及发展方向的意见》，1979年国家文物局发布了《省、市、自治区博物馆工作条例》，1982年全国人大常委会通过《中华人民共和国文物保护法》，这是整个文化领域的第一部国家大法，1985年文化部出台《革命博物馆试行条例》，1986年文化部颁布《博物馆藏品管理办法》，2002年全国人大常委会通过新修订的《中华人民共和国文物保护法》，2003年又出台《文物保护法实施条例》《公共文化体育设施条例》，2005年国务院发布《关于

第七章 运营治理：博物馆运行机制的新探索

藏品分类账

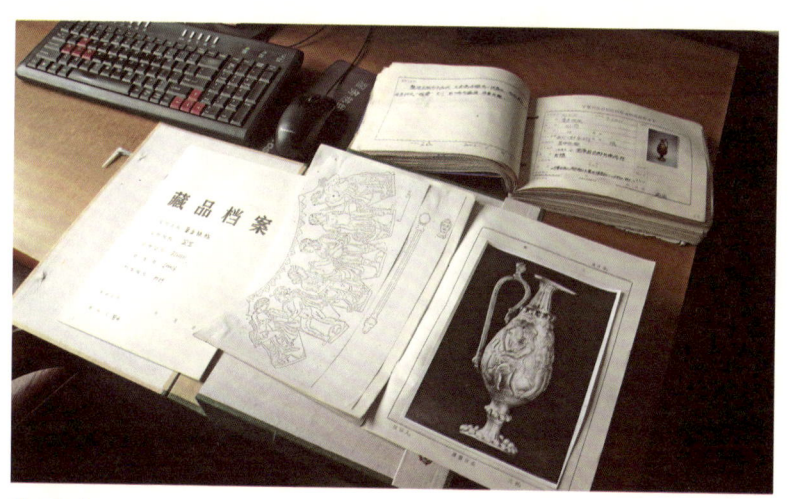

藏品档案

加强文化遗产保护的通知》，2005 年国家文物局发布《文物出境展览管理规定》，2006 年文化部颁布《博物馆管理办法》，2010 年七部局联合发布《关于促进民办博物馆发展的意见》，2015 年国务院颁布《博物馆条例》，2016 年国务院颁布《关于进一步加强文物工作的指导意见》，2021 年九部局又联合发布了《关于推进博物馆改革发展的指导意见》等等。其中，除了法律外，有大量行政规章和政策性文件，它们共同构成我国博物馆工作的法规框架体系。

国家文物博物馆主管部门还组织制订了一系列与上述法规配套的行业规范和标准，如《博物馆建筑设计规范》《博物馆照明设计规范》《博物馆藏品定级标准》《博物馆藏品信息指标体系规范》《博物馆藏品二维影像技术规范》《文物系统博物馆风险等级和安全防护级别的规定》《近现代文物征集参考范围》《近现代一级文物藏品定级标准》《博物馆评估暂行标准》《可移动文物修复资质管理办法》《可移动文物技术保护设计资质管理办法》《文物运输包装规范》等等，涉及博物馆工作的方方面面。

以上法规、制度、标准共同构成了我国博物馆工作的具体依据。

博物馆的名称一般是依据所在地、创办者或主题内容而定，有一个恰当的名称无疑更有利于塑造、传播博物馆的形象，发挥博物馆的作用，甚至有利于博物馆的建设。比如"中国民族博物馆"已经筹建了三十余年，筹备机构除了持之以恒地争取立项外，还依托有限的资源开展了共建分馆、举办展览研讨教育活动、推出"多彩中华"品牌项目等工作，取得了良好的成效，但是由于某种原因虽几经立项仍功亏一篑，至今未能建成场馆。笔者建议可改名为"中华民族博物馆"，定位为反映中华大地各民族产生、发展、融合、演变并形成目前以汉族为主体、多元一体格局的历史与现实。

又如宁夏回族自治区固原博物馆，位于古代丝绸之路重镇，文物遗存丰富，但如今处于交通不便的欠发达地区，虽为自治区级直属馆，却常被误以为普通市级馆而鲜为人知。而位于银川的自治区博物馆主要定位为反映宁夏民族文化，因此从实际出发不如将固原博物馆更名为"宁夏考古博物馆"或"宁夏丝绸之路博物馆"。

按照相关法规，博物馆名称一般不得冠以"中国""中华""国家"等字样，特殊情况确需冠名的，地方博物馆应由所在省级人民政府

宁夏固原博物馆

报国务院批准，部委博物馆应由其行政主管部门报中央机构编制委员会办公室研究确定。民办博物馆的名称一律不得冠以"中国""中华""国家"等字样。现实中，不少行业和专题博物馆往往在筹建之初就要求冠名上述字样。

目前全国大约有100家经批准冠名"中国""国家"的博物馆，此外未经批准擅自冠名的还有不少。在10多年前，中央各部委可自行批准下属博物馆冠名，甚至个别民办博物馆也经由特殊形式获得冠名（如中国紫檀博物馆）。从21世纪初开始逐渐改由现行政策，即中编办会商文化部、国家文物局研究提出意见并报国办，其中国家文物局因属博物馆行业主管部门，其意见最为重要。但事实上长期以来国家文物局在审核中也缺乏具体标准，只有诸如"在国内最有代表性"之类的原则性表述（行业新建馆往往不具备参照可比性），掌握尺度或松或紧，随意性较大。须知，由国家文物局公布的国家一二三级博物馆一般尚需建成开放3年后才能逐级申报，而冠名"中国"则是由国务院办公厅发文批准，通常被外界视为"国家级"的博物馆，反而标准门槛很低，实在不合理。因此笔者多年来主张应

中国港口博物馆

中国茶叶博物馆

攀枝花中国三线建设博物馆展厅

　　明确条件：一要建成以后正常运行1至2年再考虑，二要至少比照国家二级博物馆的量化标准。近年来该主张逐步形成共识，在实践中开始推行，但有时仍受到各种因素强力干扰，犹如孩子尚未出生就非给上户口不可。

　　这方面的正面典型是攀枝花中国三线建设博物馆。"三线建设"是我国在20世纪的特殊历史条件下全力推行的一项国家级战略行动，对全国的军事、工业、科技布局及社会经济发展产生了深远影响。我国三线建设的标志性城市攀枝花市 2010 年即提出建设"中国三线建设博物馆",笔者建议其先建设后冠名,当地即按照规划研讨、设计论证、征集藏品、建设场馆、陈列布展、开放服务、申请冠名的步骤扎实推进工作,相关负责人员虽换了几批,皆前后接力协作,至 2016 年终于大功告成。但在当前急功近利的大环境下,这样的范例实在太少。

另外,由于各方把冠名"中国""国家"视为博物馆等级,许多地域性很强、独此一家别无分号的遗址博物馆或基层博物馆也动

中国园林博物馆内景

中国航海博物馆内景

中国泥人博物馆　　　　　　　　　　擅自冠名的"中国海洋渔业博物馆"

用各种关系，争相申请冠名，结果反而淡化和模糊了自身特色，甚至不伦不类，实属没有必要。此外，还有不少未经批准擅自冠名的民办博物馆或私人收藏机构。

此外根据相关法规，国有博物馆全年开放时间应不少于10个月，民办博物馆全年开放时间不得少于8个月。但笔者在工作实践中发现，有不少基层博物馆受人员、经费甚至地理条件的限制，难以常年正常开放，只能通过预约参观甚至只能临时接待领导参观。这种"挂牌馆"有时因涉及机构、人员或影响等问题，在现实中很难按规定处置。

根据现行法规，申请设立一家博物馆，应当具备以下基本条件：

固定的馆舍及符合国家规定的展室、藏品保管场所；

相应数量的藏品以及必要的研究资料，并能够形成陈列展览体系；

与其规模和功能相适应的管理人员和专业人员；

必要的办馆资金和稳定的运行经费来源；

确保观众人身安全的设施、制度及应急预案。

博物馆的场馆及设施的功能，既要满足博物馆的传统角色需求——历史宝库、艺术殿堂、第二课堂等，又应兼顾博物馆的当代衍生角色——终身学校、城市客厅、心灵圣殿等。400平方米的最低标准是博物馆作为公共场所，为了保证藏品展示和人员参观所需的必要空间，特殊情况亦可适当降低标准。博物馆馆舍不必非得自有，但至少应长期租用，以保证场馆的相对固定和社会作用的持续发挥。

由于博物馆承担着教育功能，因此它与私人收藏的随意性不同，要求其藏品具有一定规模和体系，300件（套）应是最低标准，特殊情况可适当放宽标准。

不同博物馆的从业人员数量差别很大，许多小博物馆只有几名员工，而故宫博物院则有近3 000人。据加拿大诺德文化资源管理公司研究，一个功能健全的博物馆应该设立6个系列50多个职位才能满足需求，而国际博物馆协会副主席帕特里克·博伊兰主编的《经营博物馆》一书则将博物馆岗位划分为15种专业类别。因此，一个博物馆的最低职员数量不宜少于6人。

与数量相比，更重要的是博物馆人的素质。博物馆是一个文化单位，因此博物馆人应有一定的文化水平；博物馆是一个公益单位，因此博物馆人应有一定的公益素质；博物馆是一个艺术殿堂，因此博物馆人应有一定的艺术修养；博物馆是一个文物宝库，因此博物馆人应有一定的责任意识；博物馆是一个城市客厅，因此博物馆人应有一定的公关技能；博物馆是一个心灵圣地，因此博物馆人应有一定的传播实力⋯⋯

国家文物局曾先后在泰安、扬州等地设立了多个培训基地，主要针对基层文博专业人员开展业务培训，在提升地方文博工作者的基本业务素质方面取得了显著成效，同时也借助复旦大学等高校开展了在职人员学历提升教育。从第十个五年规划起开始进一步加强人才培训的系统性和专业性，首先重点依托北京大学、四川大学等高校开展"三长"（省级文物局局长、博物馆馆长、考古所所长）

培训班，课程设置兼顾理论学习与实践考察，对提升全国省级文博机构管理水平和加强文博系统交流合作都发挥了重要作用。随后逐步扩展培训范围到各地市级博物馆，在"十二五"期间又依托中央文化管理干部学院开展了"全国县级文博干部培训班"，对全国2 000多个县的文博干部进行了轮训，对于新形势下提升基层文博单位的专业水平发挥了积极作用。各省市文物主管部门、中国博物馆协会及其专委会、各大博物馆也组织举办了大量专题培训班，共同形成合力，取得了良好效果。

国家文物局还积极与国外机构合作开展中国博物馆高级管理人才培训，以更好地借鉴国外先进经验。例如与美国梅隆基金会和大都会艺术博物馆等合作，从2001年至2009年开展了7期"中国博物馆高级管理人员赴美研修项目"，共约20位中国博物馆界的高层

"一带一路沿线国家文化遗产与博物馆研修班"

管理人员参与；又如与英国文化教育委员会合作举办了博物馆管理、营销等系列研讨、培训项目。此外还有一些机构也积极开展中外合作培训，比如中国博物馆协会与美国盖蒂领导力学院、中央美术学院与法国国家遗产学院合作举办了多期博物馆及文化遗产培训班，都产生了良好的效果。不少博物馆还通过政府或自身渠道联系开展了涉外培训，共同促成了我国博物馆人才队伍专业素质的整体提升。

值得一提的是，我国近年来也开始积极地为亚非拉欧发展中国家培训博物馆人才，最主要的两个基地是设在故宫博物院的国际博物馆协会（中国）培训中心和文化和旅游部所属的中央文化和旅游管理干部学院国际交流部，大多属于援外性质。最近又新增一个重要平台，即设在上海大学的国际博协研究中心。

除了共同的基本素质要求外，博物馆的不同岗位对员工素质和能力的要求也各有侧重，某些特殊岗位还需要特别的技能，如文物鉴定、文物修复、陈列设计等。像故宫博物院，除了拥有常规的博物馆部门，它还有一支古建工程队和一家出版社。

如同社会一样，博物馆的人员结构是多元化的，对人才的评判标准当然也不宜一刀切。正如"骏马能历险，耕田不如牛；坚车能载重，渡河不如舟。舍长以就短，智者难为谋；生才贵适用，慎勿多苛求"。如果用同一标准评判不同的人，就如同"不会做饭的司机不是好裁缝"的论断一样荒谬。关键是把每一个人都用在合适的位置上，使"人尽其才、才尽其用"。

在技能之外，最重要的，是博物馆从业人员还应遵守全球博物馆共同的职业伦理道德。国际博物馆界的第一个道德规范是1925年由美国博物馆协会颁布的。1970年国际博物馆协会公布了《征集道德》。1986年，国际博协第15届大会颁布了《道德准则》作为全球博物馆第一个综合标准。在随后18年的实践中又经过5次大的修改，

2004年10月在国际博协第21次全体会议上正式通过了由8章91条款组成的现行《国际博物馆协会博物馆职业道德准则》。

应该说，我国也很重视博物馆人的职业道德建设。据初步统计，从1962年到2011年，国务院、中宣部、文化部、国家文物局等部门，先后颁布过25个涉及文物、博物馆领域的行业作风和职业道德建设内容的法规、文件。主要集中在20个世纪80年代和21世纪头10年（各10个）。而且，我国也有一个博物馆从业人员职业道德准则：《中国文物、博物馆工作者职业道德准则》，1997年首次由国家文物局发布，2001年12月10日修订，2012年7月4日再次修订，改以中国文物学会、中国博物馆学会的名义发布。在原则上与国际博协的道德准则是基本一致的，有的规定甚至更严格，如关于个人收藏文物的条款，国际准则是允许博物馆人在与单位利益（如收藏领域、职务行为）没有冲突的情况下通过协议形式备案后收藏文物的，而中国准则是明文禁止。考虑到国内不少文博从业人员都已收藏文物，笔者在最后一次修订时曾建议借鉴国际博协准则的精神以适应并规范现实情况，但未获采纳。

对照国际博物馆协会的《博物馆职业道德准则》可以看出，当前我国博物馆界在实践中，有些方面还是存在着明显差距的。比如："管理机构不得要求博物馆工作人员从事与职业道德或专业伦理相冲突的活动""个人不得将博物馆藏品据为己有，哪怕只是暂时的""当博物馆为公众提供鉴定服务时，不应采用可能直接或间接从对方身上获利的方式""无论是直接还是间接，博物馆从业人员不应支持自然与文化遗产的违法交易和非法市场""博物馆从业人员不应接受任何来自交易商、拍卖公司、试图从博物馆购买或注销藏品、试图实施或阻止官方行为的任何人的礼物、招待或任何形式的报酬"等等。

也许有人会对部分条款不以为然，或认为某些条款"不符合国情"，但是，作为从业人员应该意识到，当前我国文博界在某些领域"乱象丛生"，有不少行为已经违反了国际博物馆界公认的、最低的道德标准，而且有些行为已经触犯了我国法律。

我们可以很容易地把这些都归咎于"社会缺少正确的价值观""人们普遍缺乏信仰和诚信""博物馆从业人员无能为力"等因素，虽然这也是事实，但不应成为我国博物馆人无所作为、心安理得，甚至推波助澜、以身试法的理由。只有树立起值得敬重的行业形象，才能进一步提升我国博物馆的社会地位，扩大国际影响。

博物馆作为公共场所，应提高安全意识。每一家博物馆都应根据自身情况做全面的安全风险评估，确定主要风险点，并配置安全设施、制订防范或应对预案。

从整体上看，我国当代博物馆事业已经取得了令人瞩目的迅猛发展。在这一背景下，迫切需要对其进行更加精细化的分级和分类管理。因此，从 2009 年开始，国家文物局开始对全国博物馆开展定级评估和运行评估。

定级评估指标体系分为三个大项，总分 1 000 分，各大项分值为：综合管理与基础设施 200 分；藏品管理与科学研究 300 分；陈列展览与社会服务 500 分。其中，综合管理与基础设施项最低分值应在 80 分（含）以上；藏品管理与科学研究项最低分值应在 100 分（含）以上；陈列展览与社会服务项最低分值应在 200 分（含）以上。就总分而言，一级博物馆需达到 800 分，二级博物馆需达到 600 分，三级博物馆需达到 400 分。

运行评估方面，以国家一级博物馆为例，运行评估的指标体系分为定性评估指标体系和定量评估指标体系，定性和定量两者权重比例为 8∶2。定性指标主要考察：藏品管理、科学研究、陈列展览与社会教育、公共关系与服务、博物馆管理与发展建设等 5 个方面、16 个板块。定量指标主要考察：藏品、科学研究、展览与教育、人才培养 4 个方面、9 个板块。

定级评估与运行评估对推动我国博物馆整体质量提升发挥了积极的、显著的作用。截止到 2020 年底，共有国家一级博物馆 204 家，国家二级博物馆 455 家，国家三级博物馆数量更多。将来对博物馆的客观评价和政策支持，应该尽快由现行的依据行政级别（国家级、省级、市级、县级）过渡到依据其专业水平（一级、二级、三级、未定级），目前可以说条件已基本具备。

为了进一步壮大我国博物馆的旗舰团队，推动部分博物馆加速迈进世界先进行列，2009 年，国家文物局与财政部联合启动"中央地方共建国家级博物馆"项目，经评选，确定上海博物馆、南京博物院、湖南省博物馆、河南博物院、浙江省博物馆、湖北省博物馆、陕西历史博物馆、辽宁省博物馆为首批中央地方共建国家级博物馆，重庆中国三峡博物馆、首都博物馆、山西博物院为培育对象。从迄今为止的实践看，确有明显成效（主要体现在馆内和对外的活动数量与质量方面），但并未完全达到预期目标，主要在于该政策重在资金支持而未给予政策松绑，即在资金方面锦上添花而在政策方面缺乏雪中送炭，导致出现"营养似已过剩却体质改善有限"的情况。其实，如果在经费使用、收入分配、管理机制、人事制度等方面赋予相关博物馆宽松政策，项目资金当更能起到为虎添翼的作用。

随着我国当代博物馆事业快速发展，博物馆行业的社会影响力和关注度大幅提升，越来越多的新博物馆建成开放，经常有新上任的馆长略带焦虑地向笔者咨询如何当好博物馆馆长。笔者一般都给出如下建议：一、到兄弟馆参观、考察和座谈，直观体验和理性了解台前幕后的运作；二、按照博物馆定级评估和运行评估的指标体系分解馆内任务，对照相应指标查漏补缺；三、参与一个展览从策划、筹备、组织、制作、宣传到总结的全过程；四、重视对观众调查和观众投诉的分析与处理。当然，鉴于博物馆的专业性和馆长职务的重要性，从管理部门和行业组织来说，应该借鉴美国、日本、法国、意大利、波兰等国对博物馆负责人和从业者的专业资格要求（张昱《博物馆职业资格认证的国际经验浅析》，《中国博物馆》2015年3期），首先建立对新任馆长进行任前培训并持证上岗的制度或惯例。

当代中国博物馆的外部治理模式，正在由延续半个多世纪的机关化行政管理体制，探索回归到曾经的理事会制度，虽然这一过程可能会有反复，但却应该是中国博物馆事业可持续发展的正确道路。

二、理事会制度的进与退

在博物馆推行理事会制度，形似新任务，实为老课题。

2010年1月26日，中宣部、财政部、文化部和国家文物局联合发布《关于进一步做好公共博物馆纪念馆免费开放工作的意见》，明确提出："要积极探索完善法人治理结构，逐步实行理事会决策、馆长负责的管理运行机制，形成政府、社会、公众代表相结合的监督管理体系。"

2011年3月16日，经全国人大常委会审议公布的《中华人民共和国国民经济和社会发展第十二个五年规划纲要》首次在中央和国家层面提出："加快推进公益性文化事业单位改革，探索建立事业单位法人治理结构，创新公共文化服务运行机制。"

2011年3月23日，中共中央、国务院通过《关于分类推进事业单位改革的指导意见》进一步明确："今后5年……从事公益服务事业单位……管办分离、完善治理结构等改革取得较大突破……""面向社会提供公益服务的事业单位，探索建立理事会、董事会、管委会等多种形式的治理结构，健全决策、执行和监督机制，提高运行效率，确保公益目标实现。"

随后，国务院办公厅印发《关于建立和完善事业单位法人治理结构的意见》："（一）建立健全决策监督机构……理事会作为事业单位的决策和监督机构……负责本单位的发展规划、财务预决算、重大业务、章程拟订和修订等决策事项，按照有关规定履行人事管理方面的职责，并监督本单位的运行。理事会一般由政府有关部门、举办单位、事业单位、服务对象和其他有关方面的代表组成。（二）明确管理层权责。管理层作为理事会的执行机构，由事业单位行政负责人及其他主要管理人员组成。管理层对理事会负责，按照理事会决议独立自主履行日常业务管理、财务资产管理和一般工作人员管理等职责，定期向理事会报告工作。事业单位行政负责人由理事会任命或提名，并按照人事管理权限报有关部门备案或批准。（三）制定事业单位章程。事业单位章程是法人治理结构的制度载体和理事会、管理层的运行规则，也是有关部门对事业单位进行监管的重要依据。事业单位章程应当明确理事会和管理层的关系，包括理事会的职责、构成、会议制度，理事的产生方式和任期，管理层的职责和产生方式等。"

2013年11月12日，中共十八届三中全会通过了《关于全面深化改革若干重大问题的决定》："加快事业单位分类改革……推动公办事业单位与主管部门理顺关系和去行政化……建立事业单位法人治理结构。"

至此，应该说，在包括博物馆在内的事业单位领域推行以理事会制度为核心的法人治理结构改革，已成为中国最高权力机关、最高行政机关、最高领导机关的共识。

随后，党政机关开始紧锣密鼓地从两个渠道推进这项工作：一是中编办主抓全国事业单位管理体制改革和事业单位法人治理结构建设试点，挑选了部分学校、医院和博物馆（云南省博物馆、汉景帝阳陵博物院）开展工作。二是中宣部、文化部主抓全国文化体制改革和公共文化机构法人治理结构试点。

其实，理事会制度对中国博物馆来说，既是新任务，也属老课题。

1868年始建的中国第一家近代博物馆徐家汇（自然）博物院、1876年建立的同文馆博物馆、1905年张謇建立南通博物苑，似无类似理事会的管理机构。而1925年建立的故宫博物院在开放前即成立了"故宫博物院临时董事会"，在建院初期又先后历经"临时理事会""维持会""管理委员会"等机构。1928年，故宫博物院直属国民政府领导，全国政治、军事、文化、财经、宗教等各界头面人物出任故宫博物院理事会成员，堪称空前绝后。此后的中央博物院（筹备处）亦成立了理事会。

与欧美国家一样，理事会制度成为当时中国博物馆的通行管理模式。

直到1949年以后，博物馆大部转为国有事业单位，其余或合并或消亡，管理全面行政化，理事会制度不复存在。

斗转星移，当今在博物馆领域重提建立以理事会为核心的法人治理结构，中国早期博物馆的实践可为参照，国外博物馆的经验亦可资借鉴。

推行理事会制度，它山之石可以攻玉。

古代的博物馆雏形如埃及亚历山大博学园中的缪斯神庙和中国的孔子庙堂，是君王意志；近代的权贵、富商建立的收藏馆如1581年建立的乌菲奇美术馆（意大利）、1655年建立的特拉德斯坎特博物馆（英国）、1656年建立的施塔尔堡画廊（奥地利），却是私人行为。

最早的公共博物馆如 1683 年建立的阿什莫林博物馆是由阿什莫林将其收藏捐赠给牛津大学建立的，条件是牛津大学为其提供场所并承诺免费对公众开放；1759 年建立的大英博物馆是英国国会拨款购买斯隆的藏品并提供一座建筑建立的，属于化私为公。第一家完全属于国有且对公众无差别开放的博物馆是 1793 年的中央美术博物馆即卢浮宫。

而原社会主义国家的博物馆，一般馆舍、藏品、经费均由国家包办，是政府行为。

各国的博物馆管理政策也不一致。

英国实行"一臂之距"政策，政府通过博物馆和美术馆委员会、彩票基金会等半官方中介机构(Quango)来影响和引导博物馆的政策，博物馆与政府部门没有行政隶属关系。

法国在文化部内设有博物馆管理局，1932 年至 1938 年曾对包括卢浮宫在内的国立博物馆的收藏范围（包括时代与地域）进行划分，1945 年以后再次利用行政力量划分卢浮宫（古典艺术）、奥赛博物馆（印象派及其前后同时代艺术）、蓬皮杜国家文化艺术中心（现当代艺术）的收藏时代，划分卢浮宫（除东亚之外的艺术）、吉美博物馆（以东亚为主的艺术）的收藏地域，后来更进一步统一管理博物馆的藏品保护修复，并由法国博物馆协会统一协调博物馆的商业经营。

美国联邦政府内没有负责管理全国博物馆的中央机构；州政府内有的设有"博物馆处"、有的由教育部门负责，其职能与其说是"管理"，不如说是"服务"。

在博物馆领域推行理事会和理事会领导下的馆长负责制，是近代以来欧美国家行之有效的经验，其中最普遍、最成熟、最有效的当属美国博物馆。

美国是当今世界第一的博物馆大国，2010 年美国各类博物馆总数达 17 000 家，其中，超过 2/3 为私立博物馆，其次是各级政府办的博物馆（国立、州立、郡立等）和学校、协会办的博物馆（公立）。

私立博物馆不用说，即使是各级政府办的博物馆，也基本是以"私人捐赠藏品，政府或社会提供场所，运作经费主要靠自理"这种模式建立起来的，几乎不存在藏品、馆舍和经费完全由政府包办的国有博物馆。

在美国各州，建立和注销一座博物馆均须经州政府批准。无论创办主体是联邦政府、地方政府，还是社会组织或企业、私人，美国的博物馆一旦建立并通过认证后，就成为事实上"公有公营"的非营利性公共机构，享有几乎同等的社会权益，并且不能再被创办者随意支配。因而，私立博物馆的藏品也是博物馆的法人财产，不再属于创办者私人所有。

这种地位除了得到法律保障，主要就是通过建立理事会制度来实现。美国博物馆普遍都建有具备社会代表性的理事会或理事会性质的组织，作为博物馆的最高决策机构，全权负责博物馆的宏观管理、资产监督和预算审批。对各级政府和公共机构建立的博物馆来说，理事会是体现博物馆"公共财产"属性的具体象征；对私立博物馆来说，理事会是"化私为公"的手段。博物馆内部普遍实行理事会领导下的馆长负责制，馆长由理事会挑选、任命，全权负责日常事务。

由于各博物馆理事会不同程度地代表着社会公众利益，因此理事会成员一般具有较广泛的社会代表性。

美国唯一的国立（由国会和联邦政府管辖）博物馆系统——史密森尼研究院，下辖 16 家博物馆，拥有一个统一的理事会：史密森尼研究院摄政委员会。这也是美国官方色彩最浓的理事会，主席由联邦最高法院首席大法官担任，成员包括美国现职副总统，以及由

史密斯尼研究院

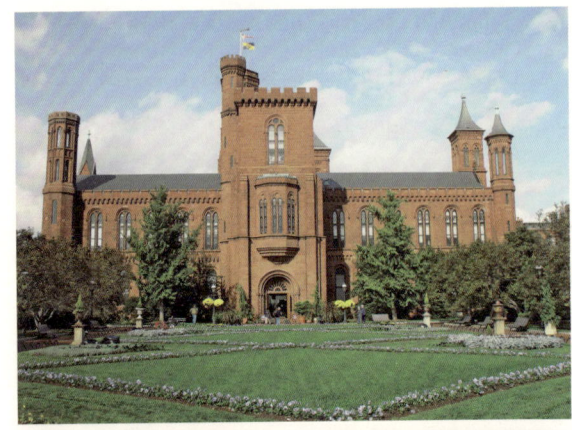

大都会艺术博物馆理事专用餐厅

参议院议长指定的3名参议员、由众议院议长指定的3名众议员、由参众两院联合批准的9名成员，他们的职业为教师、医师、律师、企业家等，其职责主要是代表美国政府监督史密森尼研究院的资产并负责审批预算，不介入各博物馆的日常管理。下属博物馆虽然有的也设有"理事会"，但只起顾问、咨询和协助筹款作用，不具备决策职能，类似于"博物馆之友"。

纽约的大都会艺术博物馆是美国最著名的私立博物馆，也拥有最典型的理事会结构：理事会由90余人组成，不过其中只有经选举产生的约40名理事有投票权，他们每届任期5年，每年改选1/5。另有非选举理事10名，包括馆长（全权负责日常行政和业务管理）、总经理（协助馆长负责经营开发）和纽约市政府及市议会官员。其他的则属于荣誉理事。理事会成员的选拔、增补、更替是通过理事会内部的提名委员会协商提名，有投票权的理事投票决定。理事们的背景以商界、财界居多，也有律师、收藏家等，年龄介于50至72岁。

旧金山市政府所属的旧金山亚洲艺术博物馆则是一种特殊体制：一个官方委员会与一个非官方理事会并存，馆长同时对二者负责。由市长任命的18人官方委员会负责管理藏品和建筑，非官方的80人理事会负责管理资金和项目；馆长由官方委员会挑选和任命，但薪水由官方委员会和非官方理事会共同承担。旧金山亚洲艺术博物馆现任馆长许杰毕业于上海大学，曾在上海博物馆工作，后赴美发展，曾在西雅图艺术博物馆、芝加哥艺术博物馆任策展人，是目前少数担任美国重要博物馆馆长的华裔人士之一。

美国博物馆中最民主的理事会，当属明尼阿波利斯艺术博物馆理事会：除了10余名荣誉理事和官方理事外，37名有投票权的理事由该博物馆3万多名会员投票选举产生，任期6年，每年改选1/6。但在博物馆经费紧缺、理事负有保障博物馆正常运营责任的背景下，这种"一人一票"的模式显然不如"一股一票"的模式普遍实用。

美国也有家族色彩很浓的私立博物馆，如号称"美国最好的小博物馆"的金贝尔艺术博物馆，其10名理事会成员中有5名是金贝尔家族成员，这应与其建立时间尚短且完全依赖金贝尔家族基金会有关。

美国绝大多数博物馆的经费主要依靠自行筹款，如国立的史密森尼研究院年度预算中，联邦政府财政拨款和项目经费只占2/3，私立的大都会艺术博物馆年度预算中85%的经费需自筹。理事会至少在经济上承担着保证博物馆正常运营的义务。因此，各理事会成员

当代中国博物馆

旧金山亚洲
艺术博物馆

明尼阿波利斯
艺术博物馆

金贝尔
艺术博物馆

多由富人组成，并被一些社会舆论讥为"富人俱乐部"。但毫无疑问的是，理事会制度在推动美国成为世界第一博物馆大国和强国方面居功甚伟。

由于美国私立博物馆与国立博物馆的社会属性一致、法律地位相同，美国私立博物馆也从各级政府或社会获得财政及其他资助。在美国政府和公众眼里，国立博物馆和私立博物馆也几乎没有差别。例如：私立的大都会艺术博物馆通过平等竞争击败国立的史密森尼研究院，赢得埃及政府赠送给美国政府的登督神庙的安置权。

但是，中国博物馆的新探索面临老问题。

当前，为了转变政府职能，创新事业单位管理体制和运行机制、实现政事分离和管办分离，激发事业单位活力、规范事业单位的行为，确保公益目标的实现，作为"探索建立事业单位法人治理结构"的组成部分，博物馆理事会制度重新被提上了议事日程，并且开展了试点工作，但由于种种原因，进展并不顺利。

我国当前推行博物馆理事会制度，在实践中遇到的最大问题是，国有博物馆都有上级主管部门，其职能与理事会应有的职能高度重叠：掌握馆长甚至中层干部的人事任免权，负责为博物馆提供必要的经费等。在现有行政、人事和财政管理体制不变的情况下，推行博物馆理事会制度既少压力也缺动力，即使勉强建立也很容易形同虚设，只起到顾问、咨询甚至联谊的作用。

作为中编办主抓的全国仅有的两个国家级试点的博物馆之一，云南省博物馆第一届理事会于 2015 年 4 月 29 日宣告成立。由一位退休的副省级官员担任名誉理事长，主管的文化厅主要负责人任理事长，政府相关职能部门代表（省文化厅、省编办、省财政厅、省人力资源与社会保障厅人员）、社会服务对象代表（企业或社会教育机构、社会公众人士、文博专家、文化企业或博物馆所在地基层

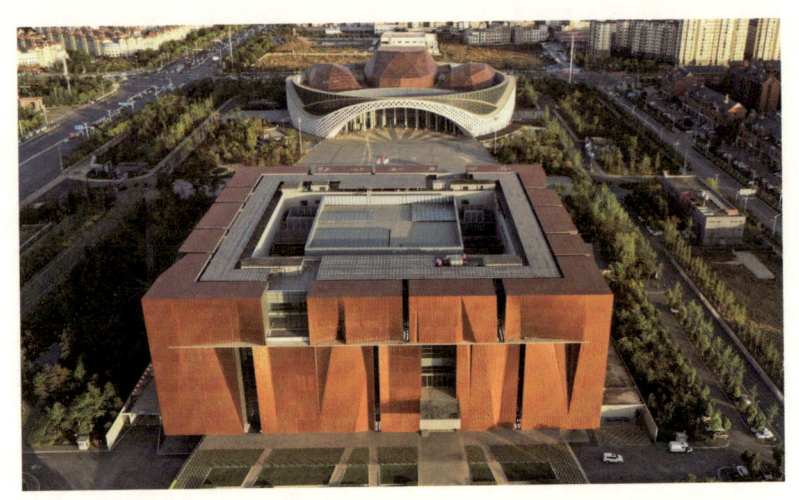

云南省博物馆新馆

组织机构人员)、省博物馆管理层和职工代表(馆长、党组织负责人、工会主席、博物馆专家代表、博物馆职工代表)各占1/3。结构差强人意,效果有待观察。

截至2016年7月,全国31个省(区、市)有142家已注册的各级各类博物馆号称建立了理事会,其中2/3为国有博物馆,模式与云南省博物馆相比大多更不如意,甚而至于由馆长兼任理事长,失去了法人治理结构管办分离的核心意义。

那么,在制度允许的情况下,如何将现行管理体制与理事会制度顺利衔接呢?实施路径主要涉及行政与财务两方面。前者需将上级主管部门的相关职能逐步让渡给理事会,例如馆长的任命,可由现行的上级主管部门任命,先过渡为理事会提名并征得上级主管部门同意后任命,再最终真正形成理事会全权领导下的馆长负责制。

另外,当前我国国有博物馆的经费主要来自政府财政拨款,需从社会争取经费支持的压力不大,因此理事会成员可由主管部门及教育、财政等相关部门代表和热心博物馆事业的社会贤达组成,尽量避免沦为"富人俱乐部"。对积极支持博物馆的企业和个人,可纳入"博物馆之友"发挥其作用。博物馆从政府获得的财政经费（可根据实际需求核定基数并合理增长）需严格按照相关法规和制度管理、使用，但理事会另行争取的社会赞助资金和博物馆的合法经营收入，应允许博物馆自主支配。

迄今为止，上述两个方面都与现行政策存在矛盾冲突，而调整政策（实质是权力让渡）又面临各种强大的现实阻力。这大概也是国家第十三个五年规划纲要中不再提及事业单位法人治理结构改革的原因吧，同时可能预示着博物馆的理事会制度改革需要另寻突破口。

除国有博物馆外，我国现有 1 000 多家民办博物馆是经各省文物局批准注册并报国家文物局备案认可的。由于民政部门只负责其民办非企业法人登记，文物部门只负责其业务指导，因此民办博物馆没有直接的上级行政主管部门；而且民办博物馆的运营经费主要来自其创办者或社会资助，民办博物馆的藏品从私人所有权向法人所有权的过渡（化私为公）也需要体制保障。所以，民办博物馆才是我国目前最适合推行理事会制度的领域，既很有必要又不会与现行管理体制冲突。正因如此，笔者从 2003 年起即多次倡议在我国民办博物馆领域引入美国博物馆的理事会制度。

民办博物馆从数量、类型及发挥作用来看，已经成为我国博物馆的重要组成部分。但是，当前我国民办博物馆存在的最根本问题，是它们基本上还处于个人、家庭、企业"收藏展示馆"这个阶段，还没发育为真正的博物馆，即创办者的私人财产权与博物馆的法人财产权混淆不清。收藏展示馆是国际博物馆发展史上的一个阶段，现在也仍然存在这种形态的机构，它把私有的收藏与公众分享，有一定的公益性，但藏品权属是私有的，这与公共博物馆有本质区别。就此而言，我国还没有严格符合国际标准和定义的民办博物馆，比如像美国那些通过了非营利机构认证的私立博物馆（我国也有一些民办博物馆获得了慈善机构认证，但其实属性不尽相同）。

根据我国民办非企业组织管理法规，民办博物馆均应设立理事会性质的机构，但事实上在已完成法人登记手续的民办博物馆中尚有60%还没建立理事会，已建成的也大多形同虚设。为推动民办博物馆可持续健康发展，应当抓住有利时机在民办博物馆领域大力推广真正的、以理事会为核心的、规范的法人治理结构，可由博物馆创办者或其代表、政府主管部门代表、热心博物馆事业的社会人士组成理事会，代表社会公众全权负责博物馆宏观管理，馆长由理事会任命，负责日常运营。其中具有国有成分的和有试点意愿的民办博物馆可以先行先试，探索经验，提供借鉴。对建立了比较规范的理事会制度的民办博物馆，政府应在政策、资金、业务支持等方面给予倾斜，以产生示范、带动效应。取得进展和经验后再推广到对理事会制度存在一定积极性和空间的国有行业博物馆领域，最终逐步覆盖到全体国有博物馆。

理事会制度能增强博物馆社会化管理的广度和深度，起到动员社会力量支持公益事业的作用，扩大博物馆生存和发展的空间，无疑是正确的路径选择。然而，博物馆理事会制度要有效发挥作用，还需有一系列配套措施，共同构成一个完善的体系，才能真正推动和支撑其良好发展。比如，让鼓励向博物馆捐赠的税收减免政策真正落地，出台支持博物馆开发公共文化产品的配套措施，以及推行会员（博物馆之友）制，建立义工（志愿者）队伍等等。

相信在外部政策和社会各界的支持下，通过全体博物馆人及伙伴的共同努力，我国博物馆一定能进一步扩大自己的生存空间，强化生存能力，提高生存质量，迎来可持续健康发展的光明前景，从而更好地履行自己承担的宗旨与使命。

结语

博物馆的终极使命

博物馆，归根到底是一种反映"人类及其环境的物证"的文化现象。它们不仅是历史文化的保存者和记录者，而且是当代社会发展的见证者和参与者。

据科学家估计，世界上的生物物种在 500 万种至 1 亿种，他们共同构成了相互依存的生态系统。由于环境污染和人为破坏等原因，全球物种正以每天消失几十种的速度减少。

1992 年联合国环境与发展大会通过了《生物多样性公约》（Convention on Biological Diversity），旨在延缓濒危物种灭绝的速度，以求最大限度地保护地球生态系统的可持续发展。

作为"万物之灵"的人类，也是千差万别的。从本质上说，人类基因尽管有 99.9% 的一致性，但正是那 0.1% 的差异决定着世界上没有完全相同的两个人，即使是通过克隆（clone）技术产生的所谓"等

六朝博物馆窗外的当代南京

位个体"，他们在时空、意识、文化等方面也是存在着差异的。

显而易见的是，人类是多种族、多民族的，从肤色可分为白色人种、黄色人种、棕色人种、黑色人种和其他人种，按文化可分为约 2 070 个民族，按语言则可分为约 3 500 个民族。

人类历史上存在过成百上千种文明形态和文化类型（据汤因比统计，人类历史上至少存在过 26 种对后世有重要影响的文明），正是它们融合、演变、发展，形成今日世界的文化面貌。

1971 年，加拿大政府宣布实行多元文化政策，成为世界上第一个正式将多元文化定为国策的国家，1988 年又出台《加拿大多元文化法》确立了这一国策的法律地位。美国和澳大利亚等作为最典型的移民国家，多元文化现已成为其基本文化特征之一。2001 年联合国教科文组织（UNESCO）第 31 届大会通过了《世界文化多样性宣言》（Universal Declaration on Cultural Diversity），确认"文化多样性是人类的一项基本特征""文化多样性是人类的共同遗产"。2005 年联合国教科文组织第 33 届大会进一步通过了《保护和促进文化表达多样性公约》（Convention on the Protection and Promotion of the Diversity of Cultural Expressions）。

人类、人类生存的环境、人类创造的文化，在多元化上达到了统一。博物馆一方面作为"人类及其环境物证"的归宿，另一方面其自身的归宿也必然是"人类及其环境的物证"。

正如九位缪斯女神的母亲是记忆女神，而中文的"博古"也往往与"知今"连用，博物馆作为联系过去、现在与未来的最重要媒介，其终极使命就是直接保护和传承并帮助认识和发展作为人类及其环境物证的多元文化。

换言之，保护和传承多元文化，其实就是保护和传承人类自身的完整性，这有助于我们全面认识人类的过去、建设人类的现在、开创人类的未来。为此，需要我们具备（培养或唤醒）多元的意识、包容的思想、尊重的立场、客观的理解，摒弃自我的偏见、狭隘的心胸、专横的态度、主观的臆测。

正如房龙的名著《宽容》所记述的，人类历史上曾因偏见和专横导致过众多的惨剧，人类进步的历史从某种意义上说就是不断走向多元与宽容的历史。当代哲学研究也表明，从古代到近代，主流思想曾是一元论；然而，多元论已成为当代思想的主流。即使是以一元论宗教为主流信仰的发达国家，也大都采取政教分离的国策，以包容多元信仰，避免重蹈历史的覆辙。

在当代经济全球化背景下，世界各国经济结构日益趋同、发展兴衰与共，且一致面临着环境污染、能源短缺、气候变化等危机，多元文化也面临着新的挑战。我们同样需要多元的对策，既要防止将全球化与单一文化等同起来，也要避免将多元文化与普世价值对立起来（人类毕竟有 99.9% 的相同基因啊）。

博物馆，任重道远。

中国的博物馆植根于中国的历史、地域和民众之中，可谓拥有得天独厚的资源优势，并因此在多元文化时代面临良好的发展机遇。

中国是历史悠久且文明从未中断的国家，考古学家将中国新石器时代的文明划分为六大区系、数十个考古学文化类型，其后夏、商、周"三代不同礼"（《商君书》），春秋战国时期更是形成"百家争鸣"的文化盛况，汉代以后名为"罢黜百家，独尊儒术"，但实则儒、释、道、巫并存，最终形成多元一体的主流文化传统。

中国是世界上地域面积最辽阔、地形地貌最复杂的国家之一，仅陆地国土就幅员纵横960万平方公里，海拔高差8 800多米，风光无限，气象万千，各地气候物产与生活习性差异很大，《晏子春秋》所言"百里而异习，千里而殊俗"，《汉书》所载"百里不同风，千里不同俗"，至今仍是常用且恰当的说法。

中国是世界上人口最多、民族数量最多、民间信仰最丰富的国家之一，民族民间文化艺术绚丽多彩，共同构成了多元一体的当代中华文化。

这种历史的、地理的、民族的多元化，为中国博物馆的发展提供了深厚的基础，开辟了广阔的前景，显示出中国博物馆在保护和传承多元文化方面的实力、潜力和压力。

目前，虽然无论从数量上、类型上还是质量上，我国博物馆已经取得了举世瞩目的成就，但是，仍然存在着人均占有比例偏低、地区分布不平衡、类型发展不合理、软硬件水平不协调、利用状况不如意、服务对象不均衡等诸多不足。

在经济全球化背景下，中国博物馆也面临着压力甚至挑战。从根本上说，这也是中华文化面临的压力和挑战。因此，如何化压力为动力、变挑战为机遇，尽快提升和完善中国博物馆发展水平，不仅是主管部门和博物馆同仁而且是全社会都应当关注的问题。

政治上、经济上、体制上的对策可以有千条万条，但归根到底是文化上的一条：立足中国的多元文化优势，并将其切实转化为中国博物馆的优势。这是为观众服务的需要，也是博物馆自身生存的需要，更是博物馆实现终极使命的需要。

具体而言，每个博物馆可根据自身的建馆宗旨、历史渊源、现有基础、客观条件，树立自己的优势，形成自己的特色。

具有代表性的国家级博物馆，应有世界眼光，不断提升和完善自己，与国外著名博物馆加强交流、平等对话，在国际层面自觉担负起保护、弘扬和传承中华文化的使命。

主管部门可通过政策导向、资金倾斜、宣传鼓励，大力推动民俗类、行业类、专题类、生态类、数字类等新兴类型博物馆和民族地区、边远山区、欠发达地区等弱势地区博物馆的建立与发展，健全中国的博物馆体系，以更好地为保护和传承中华文化服务。

从国际经验来看，我国当前已进入文化消费快速增长的时期。早在 2012 年，全国城镇人口数量已超过农村人口数量，占全国总人口的 51.27%。在上述背景下，博物馆事业在满足广大民众的文化享受和精神需求方面被寄予了更多、更高的期望。西方发达国家平均大约每 10 万人即拥有一座博物馆，而我国目前是大约平均 26 万人拥有一座博物馆，差距明显。

"十二五"期间，国家文物局和国家发改委联合启动了"地市级博物馆建设"专项，旨在确保全国每个地级以上中心城市都至少拥有一个功能健全的综合性博物馆。经过努力争取，没有博物馆和虽有博物馆但条件太差的地市总共获准立项建设 122 个馆，但由于中央补助经费有限、地方选址未定、主管领导变动等因素，至今仍有一部分地市未能启动或完成，错过了有利时机。而且，在全国 2 800 多个县级行政区划中，仍有约 1 000 个县（含县级市）没有综合博物馆,且现有博物馆的质量也参差不齐,还有数百家博物馆(既有国有馆也有民办馆)是达不到正常开放服务条件的"挂牌馆"。

当前,我国博物馆在整体数量上和类型体系上已经初具规模,我们在今后的工作中,也要避免单纯追求博物馆数量的增长,而应更多地注重博物馆质量的提升(上海在多年前已率先提出"从数量增长向质量提升转变"的博物馆发展思路)。同时针对不同情况区别对待,如对大馆多给政策方面的"锦上添花",对基层馆多给人财物方面的"雪中送炭"。

如前所述,纵向比较,我国博物馆事业当前正处于历史上发展最快的时期;而横向比较,中国亦是目前世界上博物馆事业发展最快的国家之一。应抓住机遇,继续用体制改革和机制创新推动博物馆事业的可持续发展,实现我国从博物馆大国向博物馆强国的历史性转变,更好地履行保护和传承人类社会的多元文化及多彩环境的终极使命。

博物馆,大有可为。

后记

  中国的博物馆事业,在波澜壮阔的改革开放、经济发展大潮背景下,过去30多年经历了历史上前所未有的高速发展,成为当代世界博物馆发展全景中引人注目的亮点。

  笔者有幸作为一名见证者、参与者和推动者,一方面热切投身其中,为跨越世纪的发展大潮推波助澜,并欣喜于业内一个又一个的新成绩;另一方面也力求冷静观察存在的问题、严肃探寻可持续的发展方向,并尽可能把中国博物馆事业放在世界博物馆发展的大背景下来审视。在这一过程中,既陆续在报纸杂志上公开发表过一些文章,也在内部讲座、研讨会上交流、探讨过不少观点,还形成了大量未必成熟的个人思考。

  10多年前笔者曾撰写过一本《当代美国博物馆》,在业内外产生过较大影响,对我国博物馆借鉴国外先进经验发挥过积极作用。

近年来，一直有人建议笔者再写一本《当代中国博物馆》。相对于美国博物馆，笔者对我国博物馆当然更熟悉，既体察过微观实务又从事过宏观管理，亦有义不容辞、责无旁贷之感，但同时也有"不识庐山真面目，只缘身在此山中"的顾虑，担心自己不能全面、客观地把握材料。直到最近因工作变动的契机，才促使自己下了决心，着手整理多年积累的资料、补充记录工作中的见闻、修订充实过去发表的文章、梳理撰写近期最新的思考，最终形成本书，并配以较多图片（除个别外，均为笔者拍摄），既呼应文字内容，更补充、扩展文字所无所限，希望能使普通读者也对我国当代博物馆有更加全面深入的认知。

虽然笔者力求资料准确、论述客观、评价全面，但限于个人认识水平及观察角度，而且"述"与"评"均只是点到为止，也恐难免失之偏颇，故仅供参考。唯愿借此薄册向中国历代博物馆人特别是当代中国博物馆同仁们致意，并以浅陋的思考为自己热爱并服务了半生的博物馆事业进一步发展再尽绵薄之力。

图书在版编目（CIP）数据

当代中国博物馆 / 段勇著. —南京：江苏凤凰文艺出版社，2022.2（2025.2重印）
ISBN 978-7-5594-6486-6

Ⅰ.①当… Ⅱ.①段… Ⅲ.①博物馆事业—研究—中国 Ⅳ.①G269.2

中国版本图书馆CIP数据核字（2021）第262086号

当代中国博物馆

段 勇 著

出 版 人	张在健
责任编辑	张 遇　高竹君
校　　对	赵卓娅
封面设计	韦 枫
责任印制	刘 巍
排　　版	徐苏莉
出版发行	江苏凤凰文艺出版社
	南京市中央路165号，邮编：210009
网　　址	http://www.jswenyi.com
印　　刷	合肥精艺印刷有限公司
开　　本	652毫米×960毫米　1/16
印　　张	13.25
字　　数	165千字
版　　次	2022年2月第1版
印　　次	2025年2月第2次印刷
书　　号	ISBN 978-7-5594-6486-6
定　　价	68.00元

江苏凤凰文艺版图书凡印刷、装订错误，可向出版社调换，联系电话 025-83280257